CHENGSHI GUIDAO JIAOTONG GONGCHENG YU
YOUQI GUANXIAN ANQUAN
XIANGHU YINGXIANG FENXI

城市轨道交通工程与
油气管线安全相互影响分析

石杰红　史聪灵　刘晶晶　赵　晨　编著

人民交通出版社股份有限公司
北　京

内 容 提 要

本书主要针对城市轨道交通工程建设过程中对油气管线造成安全影响的力学问题以及油气管线泄漏对城市轨道交通工程的安全影响进行研究与分析，介绍了油气管线的一些典型事故案例和危险有害因素；详细阐述了地铁区间下穿油气管线、高架区间上跨管线、出入口通道下穿油气管线、车辆段施工对油气管线的影响、区间风井施工对油气管线的影响、地下通道下穿油气管线等工况下的安全性，提出了科学合理的分析方法；采用爆炸后果模拟分析法分析了管线对地铁的安全影响，并结合风险值进行了论证。

本书可供从事地铁设计、施工等领域科研人员、工程技术人员和高等院校师生参考使用。

图书在版编目(CIP)数据

城市轨道交通工程与油气管线安全相互影响分析 / 石杰红等编著. — 北京 : 人民交通出版社股份有限公司, 2020.8

ISBN 978-7-114-16418-7

Ⅰ.①城… Ⅱ.①石… Ⅲ.①城市铁路—铁路工程—关系—石油管道—安全管理—研究 Ⅳ.①U239.5 ②TE973

中国版本图书馆 CIP 数据核字(2020)第 047931 号

Chengshi Guidao Jiaotong Gongcheng yu Youqi Guanxian Anquan Xianghu Yingxiang Fenxi

书　　名：城市轨道交通工程与油气管线安全相互影响分析
著 作 者：石杰红　史聪灵　刘晶晶　赵　晨
责任编辑：张　琼　李　梦
责任校对：赵媛媛
责任印制：刘高彤
出版发行：人民交通出版社股份有限公司
地　　址：(100011)北京市朝阳区安定门外外馆斜街 3 号
网　　址：http://www.ccpcl.com.cn
销售电话：(010)59757973
总 经 销：人民交通出版社股份有限公司发行部
经　　销：各地新华书店
印　　刷：北京虎彩文化传播有限公司
开　　本：787×1092　1/16
印　　张：8.5
字　　数：202 千
版　　次：2020 年 8 月　第 1 版
印　　次：2020 年 8 月　第 1 次印刷
书　　号：ISBN 978-7-114-16418-7
定　　价：48.00 元

前　言

城市轨道交通工程是各国城市建设史上最大的公益性基础设施工程之一，是一项技术密集、涉及面广、综合性很强的系统工程。作为交通工程，因前期规划、历史遗留问题或者疏解、带动客流的需要，城市轨道交通工程不可避免地会与沿线其他基础设施产生相互影响，尤其是同为线性工程的油气输送管道，常常会与城市轨道交通工程存在相互穿越、影响的情况，且一旦发生事故，将造成灾难性的后果。因此，对城市轨道交通工程与油气管线安全相互影响进行分析研究，对于提高我国城市公共安全可靠性具有重要指导意义。

运用理论分析及数值模拟技术研究城市轨道交通建设过程中油气管线的若干力学问题及油气管线非正常状态对城市轨道交通的安全影响，对于整个城市公共安全具有一定的指导意义。本书涉及的不同类型的影响方式主要包括：地铁线路区间下穿油气管线施工安全、地铁车站出入口施工下穿油气管线施工安全、地铁线路区间风井施工对油气管线的影响、地铁爆破施工对油气管线的影响、地铁高架施工对油气管线的影响、燃气管线泄漏爆炸对地铁线路安全的影响等。本书作者针对我国城市轨道交通工程与油气管线相互影响的不同类型开展定性、定量分析，并对采用的理论和方法进行了介绍。

本书共分为 10 章，第 1 章主要介绍油气管线事故案例及危险性分析；第 2 章主要介绍本书所用理论及数值计算方法；第 3 章主要介绍典型的地铁线路区间下穿油气管线施工安全影响；第 4 章主要介绍地铁车站出入口下穿油气管线时，暗挖施工对管线的安全影响；第 5 章主要介绍区间风井施工对邻近管线的影响；第 6 章主要介绍车辆段与管线邻近时，堆载对管线的影响；第 7 章主要介绍车辆段爆破施工对管线安全的影响；第 8 章主要介绍地铁高架桥梁施工时，桥墩桩基对管线的影响；第 9 章主要介绍燃气管线在非正常状态下，其事故后果、影响范围以及对地铁线路的影响；第 10 章主要介绍高压燃气管线不同泄漏情况下对地铁结构及地铁隧道内人员的安全影响。本书由石杰红、史聪灵、刘晶晶、赵晨编著，由石杰红和史聪灵统稿。

本书是一本系统介绍城市轨道交通工程与油气管道安全相互影响理论和方法的专著。在本书的撰写过程中，引用了大量中国安全生产科学研究院有关项目的研究成果、国内外同行的研究成果和参考文献，在此深表感谢！同时本书得到了多个基金项目的资助，包括国家"万人计划"入选人才特殊支持经费项目（项目编号：WRJH201801）、《城市轨道交通与油气管道耦合作用风险分析方法及应用研究》（项目编号：2017JBKY03）、北京市科学技术委员会科技创新基地培育和发展工程专项项目（项目编号：Z171100001117145）和中国安全生产科学研究院多项地铁工程研究项目等，在此一并致谢！

限于作者的水平和能力，书中难免存在疏漏和不妥之处，恳请各位专家和读者批评指正。

作　者

2020 年 6 月于北京

目　　录

第1章　油气管线事故案例及危险性分析

近年来油气管线发生了较多的事故，究其原因，一方面油气管线由于多年连续、高强度的输油作业，导致了腐蚀、设备及管件老化，且更新难度大；另一方面，随着经济的发展，油气管线面临着被新建构筑物占压的问题。油气管线不仅在正常输油作业时在薄弱环节可能出现泄漏，若不及时处理或处理不当会导致火灾、爆炸，会对人体产生毒害作用。而且油气管道易遭受沿线工程占压及其他社会活动的破坏，造成泄漏、火灾、爆炸等事故。

1.1　油气管线典型安全事故案例

1.1.1　燃气管线事故案例

(1)乌克兰天然气管道爆炸

2007年5月7日，乌克兰一段天然气管道发生爆炸，并引起了火灾，方圆1.5hm^2($1hm^2 = 1 \times 10^4 m^2$)范围内的草坪和树木被烧焦，导致该管道周边城镇的天然气供应中断。

(2)美国得克萨斯州天然气管道爆炸

2008年5月7日，美国得克萨斯州北部发生一起天然气管道爆炸事件，造成至少1名工人死亡，7人受伤。

(3)美国弗吉尼亚州天然气管道爆炸

2008年9月14日，美国弗吉尼亚州一处天然气管道腐蚀爆炸，造成5人受伤，超过百户房屋损坏。

(4)莫斯科天然气管道泄漏爆炸

2009年5月10日，俄罗斯首都莫斯科一处天然气管道发生泄漏并爆炸，现场燃气的火焰高达约200m。

(5)武汉汉口黄浦大街天然气管道被挖破引发爆炸

2010年3月15日，武汉汉口黄浦大街建设大道路口二环线施工现场，一根直径400mm的天然气管道被挖破，并造成爆炸。

(6)吉林市昌邑区天然气泄漏爆炸

2011年1月17日，吉林市昌邑区吉林石化矿区服务部食堂发生天然气泄漏爆炸，造成3人死亡，29人受伤。

1.1.2　输油管线事故案例统计分析

(1)兰成渝输油管线某段泄漏爆裂

2003年12月19日，我国西南成品油运输的重要管道兰成渝输油管线广元市市中区赤化段发生严重泄漏，主管道爆裂，造成附近地区被严重污染，宝成铁路运输被迫中断 7h，兰成渝输油管线停输 14h，给国家造成了重大经济损失，严重威胁当地群众的生命财产安全。

（2）伊朗管道破裂引发泄油

2004 年 5 月 18 日，伊朗一处输油管道因腐蚀破裂，造成了波斯湾沿线海岸 20km 范围内发生浮油。

（3）河南输油管线原油泄漏

2004 年 11 月 7 日，河南中（原）洛（阳）输油管线发生原油泄漏事故，不法分子打孔偷走原油约 20t，偷油逃窜后，管道内的原油从阀门处大量泄漏，造成麦田大面积污染，直接经济损失近百万元。

（4）靖咸（靖边至咸阳）输油管线发生输油管线原油泄漏

2004 年 11 月 17 日，延安市宝塔区南泥湾镇南靖边至咸阳段输油管线发生输油管线原油泄漏事故，上千吨原油外泄。泄漏造成输油中断、交通中断、一些农田被毁，直接经济损失达 400 万元以上。

（5）白俄罗斯布列斯特石油泄漏

2010 年 12 月 22 日，白俄罗斯布列斯特一处石油管道破坏，导致石油泄漏，继而发生火灾。

（6）墨西哥湾破裂管道漏油

2010 年 4 月 20 日，英国石油公司租赁的位于墨西哥湾的某钻井平台发生爆炸起火，36h 后平台沉没，导致 11 名工作人员遇难。在海底约 1.6km 处，原油从破裂的油管中喷涌而出，且油井自 4 月 24 日起漏油不止，进而引发了大规模的原油污染。

（7）山东省胶州市原油主管道破裂泄漏

2010 年 5 月 2 日，山东省胶州市东营至黄岛方向输送原油的主管道胶州市九龙镇工业园段（223 号桩处），因违章施工导致管道破裂，造成约 250t 进口原油泄漏。

（8）辽宁省大连市输油管道发生爆炸并引发火灾

2010 年 7 月 16 日，辽宁省大连市大连保税区的某公司原油罐区输油管道发生爆炸，造成原油大量泄漏并引起火灾。

（9）黄潍中石化输油管线爆燃

2013 年 11 月 22 日，位于青岛市黄岛区秦皇岛路与斋堂岛路交会处输油管线破裂，造成某街道约 1000m^2 的路面被原油污染，部分原油沿着雨水管线进入胶州湾，海面过油面积约 3000m^2。

1.2 危险因素分析

1.2.1 天然气有害特性分析

天然气常温常压下是无色、无味、无毒且无腐蚀性的气体，是洁净、高效、方便、安全的能源，近几十年得到快速发展。天然气在超低温（-162℃）常压状态下液化，成为液化天然气，液化天然气体积约为同量气态天然气体积的 1/600。液化天然气危规号为 21008，压缩天然气危规号为21007,均属于第2.1类易燃气体。天然气主要组分的特性参数见表1-1。

天然气主要组分的特性参数 表1-1

天然气主要成分	甲烷	乙烷	丙烷
危规号	21007	21009	21011
分子量	16.04	30.07	44.10
密度(g/cm^3)	0.42(-164℃)	0.45	0.58
熔点(℃)	-182.5	-183.3	-187.6
沸点(℃)	-161.5	-88.6	-42.1
闪点(℃)	-188	< -50	-104
燃点(℃)	538	472	450
临界温度(℃)	-82.6	32.2	96.8
临界压力(kPa)	4.59	4.87	4.25
燃烧热(kJ/mol)	889.5	1558.3	2217.8
爆炸下限(%)	5.3	3.0	2.1
爆炸上限(%)	15	16.0	9.5

天然气危险有害特性包括易燃性、易爆性、静电荷积聚性、易扩散性和窒息性。

(1)易燃性

根据《石油天然气工程设计防火规范》(GB 50183—2015),压缩天然气(下同)属于甲类气体。天然气的火灾爆炸危险性大,其闪点、沸点很低,在空气中只需较小的点燃能量就会闪光燃烧。天然气燃烧火焰温度高、燃烧热值大、辐射热强,燃烧时火情猛、火势大,并具有复燃、复爆性,因此天然气的火灾危险性不容忽视。灭火方法为:切断气源,若不能立即切断气源,则不允许熄灭正在燃烧的气体。灭火剂有雾状水、泡沫、二氧化碳、干粉。

(2)易爆性

天然气具有高度易燃易爆性,与空气混合能形成爆炸性混合物,遇热源和明火有燃烧爆炸的危险,与氧化剂接触会发生猛烈反应。天然气在空气中的爆炸极限为4.7%~14.6%,爆炸浓度范围较宽,爆炸下限浓度值较低,天然气泄漏后很容易达到爆炸极限,遇火源即发生爆炸。

(3)静电荷积聚性

当天然气在管道输送的过程中,若防静电措施不力,则易产生和积聚大量的静电荷,并可能导致静电放电,静电放电是引发火灾爆炸事故的重要原因之一。另外,天然气如发生小孔喷射,因流速极快,易产生高电位静电,特别是气体中含有其他微粒物质时,其静电危险性更大,遇闪火而引起爆炸。

(4)易扩散性

天然气的密度比空气小,扩散迅速,不会在区域内沉积。天然气泄漏后易随风扩散到远处,一旦遇明火会引着回燃,波及一片,对周围环境的安全造成很大威胁。

(5)窒息性

天然气中主要成分甲烷属单纯窒息性气体,高浓度时人会因缺氧窒息而引起中毒,空气中甲烷浓度达到25% ~30%时人会出现头昏、呼吸加速、运动失调等症状。

1.2.2 油品有害特性分析

输油管道输送的油品是甲B类火灾危险性物质,在空气具有易燃性,其挥发的油气与空气接触具有易爆性。当原油或油气暴露在空气中,遇激发能量点燃或引爆油品,会发生火灾、爆炸事故。油品具有的易燃、易爆性是其发生火灾、爆炸的根本原因。在正常情况下,原油是在密闭系统中输送的,不具备发生着火和爆炸的条件。但一旦发生泄漏,若处置不当会造成火灾爆炸事故。输油管线应注意防止油品泄漏,进而形成着火和爆炸的客观条件,如油气在有限空间的积聚达到爆炸极限。因此,有效控制油品的泄漏是防止油品火灾、爆炸的关键。

1)汽油危险有害特性分析

(1)危险特性

其蒸气与空气可形成爆炸性混合物,遇明火、高热极易燃烧爆炸,与氧化剂能发生强烈反应。其蒸气密度比空气密度大,能在较低处扩散到相当远的地方,遇火源会着火回燃。

(2)健康危害

汽油为麻醉性毒物,主要引起中枢神经系统功能障碍,高浓度时引起呼吸中枢麻痹。急性中毒症状有头痛、头晕、短暂意识障碍、四肢无力、恶心、呕吐、易激动、步态不稳等。高浓度汽油蒸气可引起中毒性脑部疾病,少数患者发生脑水肿。吸入较高浓度可引起突然意识丧失,反射性呼吸停止及化学性肺炎,部分患者出现中毒性精神病症状。溅入眼内,可致角膜溃疡、穿孔,甚至失明。皮肤接触可致急性接触性皮炎或过敏性皮炎。经口可引起急性中毒,出现消化道症状,严重者可出现类似急性中毒症状,汽油直接吸入呼吸道,可致吸入性肺炎。

2)柴油危险有害特性分析

(1)危险特性

遇明火、高热或与氧化剂接触,有引起燃烧爆炸的危险。若遇高热或容器内压增大,有开裂和爆炸的危险。

(2)健康危害

皮肤接触柴油可引起接触性皮炎、油性痤疮。吸入可引起吸入性肺炎,且能经胎盘进入胎儿血中。柴油废气可引起眼、鼻刺激症状,头晕及头痛。

1.2.3 油气管线破坏成因

现阶段,燃气管线错综复杂交织成一个庞大的网状系统结构,燃气管线一处出现问题,就会影响整个系统的正常运行。本节针对燃气管线的破坏问题,对其产生的原因进行了分析。

(1)腐蚀

腐蚀包括内、外腐蚀,内腐蚀主要有电化学腐蚀、硫化物应力腐蚀开裂等。目前内腐蚀已引起了管理、设计部门的高度重视,并采取对应措施,如严格控制介质中的酸性组分和水含量、安装在线监测装置等,确保管线的安全运行。而对于外腐蚀,早期主要因防腐层的质量低、阴极保护效果不佳,以及由于防腐层的破坏,焊接、补口等质量不高,加上土壤的腐蚀性高或土壤性质差别比较大等带来外腐蚀的加剧。

(2)施工质量

总体来说,受我国管线施工水平的限制,管线运输、加工、去污、防腐、现场补口和管线干燥等环节存在缺陷,造成管线质量不高。

(3)不良环境影响

管线工程的局部管段所处的自然环境恶劣,易引起管线事故,主要包括地质活动、山体滑坡、坍塌、河道穿越时洪水冲击、采矿坍塌等造成的事故。事故的主要原因是管线埋深小甚至裸露敷设,或管线穿越河流的稳管不可靠,与基岩无可靠的连接等。

(4)管线材质

我国的管线大都采用螺旋缝钢管,虽然其在我国有较长的生产历史,但仍存在由于焊缝未焊透、制造成形处残余应力集中等问题,由于焊缝的缺陷易引发事故,在较低的压力下即可发生爆管,沿焊缝将管线撕裂。

(5)第三方破坏

第三方破坏在以前统计的管线事故中所占的比例不高,仅为3.87%,但统计资料显示此类事故数量已呈上升趋势。因此,应加强管线的管理力度,大力宣传《石油天然气管道保护条例》等法律法规,加强管线安全监测。

1.3 本章小结

本章对国内外油气管线事故案例及危险因素进行分析,油气管线具有易燃、易爆的高危特性,同时我国处于城市轨道交通建设高速发展时期,城市轨道交通工程与油气管线不可避免地存在邻近交叉等关系,城市轨道交通工程施工,可能引起油气管线变形、振动,如果对地下管线采取的工程保护措施不到位或施工方法选择不当,必定会对邻近管线的正常使用产生影响甚至造成重大安全事故,而油气管线发生重大事故也会对城市轨道交通工程和施工人员产生巨大安全威胁。因此,开展城市轨道交通工程施工对邻近油气管线的安全影响分析及油气管线重大事故对城市轨道交通工程的安全影响分析,具有十分重要的意义。

第2章 城市轨道交通工程与油气管线相互影响安全性研究方法

地铁线路与油气管线的影响是相互的,城市轨道交通工程施工可能造成管道变形、开裂泄漏,管道在非正常状态下发生泄漏爆炸也会对地铁线路安全造成巨大威胁,因此,在研究方法的选择上,选取了施工对油气管线影响的数值模拟方法,包括施工及爆破模拟,以及用于管道泄漏后果模拟的定量风险评价法。

2.1 FLAC3D 数值模拟方法

2.1.1 FLAC3D 软件介绍

FLAC 3D软件主要用于模拟计算地质材料的力学行为,特别是材料达到屈服极限后产生的塑性流动,计算研究采用拉格朗日有限差分方法。FLAC 目前已在全球七十多个国家得到广泛应用,在国际土木工程(尤其是岩土工程)学术界和工业界享有盛誉。

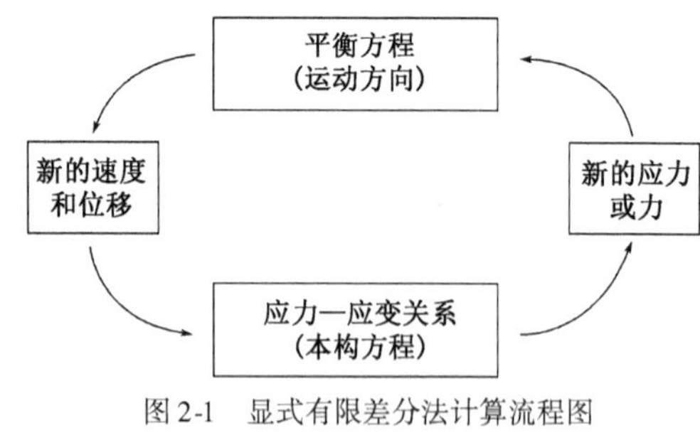

图2-1 显式有限差分法计算流程图

FLAC 采用显式算法来获得模型全部运动方程(包括内变量)的时间步长解,从而可以追踪材料的渐进破坏和垮落,图2-1是显式有限差分法计算流程图。计算过程首先调用运动方程,由初始应力和边界力计算出新的速度和位移。然后,由速度计算出应变率,进而获得新的应力或力。每个循环为一个时步,图2-1中的每个图框都是通过固定的已知值对所有单元和节点变量进行计算更新。

2.1.2 FLAC3D 的主要特点

FLAC3D 界面简洁明了,特点鲜明,其使用方法和计算特征在众多模拟计算软件中别具一格。

(1)应用范围广泛

FLAC/FLAC3D 专为岩土工程力学分析开发,内置丰富的弹性、塑性材料本构模型(其中FLAC 内置11个本构模型,FLAC3D 内置12个本构模型),有静力、动力、蠕变、渗流、温度5种计算模式,各种模式可以相互耦合,以模拟各种复杂的工程力学行为。

(2)有多种边界条件

边界条件可以是应力边界、速度边界,边界方位可以任意变化,单元内部可以给定初始应力,节点可以给定初始速度、初始位移等。

(3)开放性

FLAC/FLAC3D 几乎是一个全开放的系统,用户几乎参与了从网络模型的建立、边界条件的设置、参数的调试到计算结果输出等的全部求解过程。用户也可以利用有限元软件或其他专业建模工具建立复杂三维模型,导入 FLAC3D 进行计算。

2.2　ANSYS 数值模拟法

ANSYS 的功能非常强大,操作简单方便,现在它已经成为国际最流行的有限元分析软件之一。

(1)强大而广泛的分析功能:可广泛应用于求解结构、热、流体、电磁、声学等多物理场及多场耦合的线性、非线性问题。

(2)一体化的处理技术:主要包括几何模型的建立、自动网格划分、求解、后处理、优化设计等诸多功能及实用工具。

(3)丰富的产品系列和完善的开放体系:不同的产品配套可应用于各种工业领域,如建筑、航空、航天、船舶、汽车、兵器、铁道、机械、电子等。

2.3　LS-DYNA 数值模拟方法

2.3.1　LS-DYNA 介绍

LS-DYNA 作为世界上最著名的通用显式动力学分析程序,能够模拟真实世界的各种复杂问题,特别适合求解各种二维、三维非线性结构的高数碰撞、爆炸和金属成型等非线性动力冲击问题,同时可以求解传热、流体及流固耦合问题,是显式有限元理论和程序的鼻祖。

LS-DYNA 程序 960 版是功能齐全的几何非线性(大位移、大转动和大应变)、材料非线性(包含 140 多种材料动态模型)和接触非线性(包含 50 多种类型)程序,以 Lagrange 算法(拉格朗日算法)为主,兼有 ALE 算法(任意拉格朗日—欧拉算法)和 Euler 算法(欧拉算法);以显式求解为主,兼有隐式求解功能;以非线性动力分析为主,兼有静力分析功能(例如动力分析前的预应力计算和薄板冲压成型后的回弹计算),是军用和民用相结合的通用结构分析非线性有限元程序。

2.3.2　LS-DYNA 功能特点

(1)分析能力强大

非线性动力学分析包括多刚体动力学分析、准静态分析、热分析、结构—热耦合分析、流体分析、有限元—多刚体动力学耦合分析、水下冲击分析、失效分析、裂纹扩展分析、实时声场分析、优化设计和多物理场耦合分析。

(2)材料模型丰富

LS-DYNA 程序目前有 140 多种金属和非金属材料可供选择,如弹性材料、塑料、玻璃、泡沫、编制品、金属、橡胶、蜂窝材料、复合材料、混凝土和土壤、炸药、推进剂、黏性流体材料以及用户自定义材料(UDM)等,并可以考虑材料失效、损伤、黏性、蠕变、状态方程、与温度相关联的性质。

(3)单元类型众多

LS-DYNA 程序的单元类型众多,包括二维实体单元、四边形壳单元、三角形壳单元、膜单元、六面体厚壳单元、三维实体单元、梁单元和安全带单元、安全带单元、焊接单元、离散单元、束和索单元、节点质量单元和 SPH 单元等。

这些单元采用 Lagrange 列式增量解法,具有大位移、大应变和大转动性能,单点积分并用沙漏黏性阻尼以克服零能模式,单元计算速度快,节省储存量,并且精度良好,可以满足各种实体结构和薄壁的网格划分需要。此外,还有 Euler 六面体单元、Euler 边界单元以及 ALE 六面体单元,可以用于流体网格划分和构成流体—结构的交界面。

(4)接触分析功能

LS-DYNA 程序的全自动接触分析功能易于使用,功能强大,非常有效,有 50 多种选择可以求解下列接触问题:变形体对变形体的接触、变形体对刚体的接触、刚体对刚体的接触、板壳结构的单面接触(屈曲分析)、与刚性墙接触、表面与表面的固定连接、节点与表面的固定连接、壳边与壳面的固定连接、流体与固体的界面等。并可考虑接触表面的静动摩擦力(库仑摩擦、黏性摩擦和用户自定义摩擦类型)和固定连接失效。这种技术成功地应用于爆炸对结构的影响、整车碰撞研究、薄板与冲头和模具接触的金属成型等。

(5)初始条件、荷载和约束功能

LS-DYNA 程序中,初始条件、荷载和约束的定义包括:

①初始速度、初应力、初应变、初始动量(模拟脉冲荷载)。

②高能炸药起爆设置。

③节点荷载、压力荷载、体力荷载、热荷载、重力荷载。

④循环约束、对称约束(带失效)、透射边界。

⑤给定节点运动(速度、加速度或位移)、节点约束。

⑥铆接、焊接。

⑦两个刚性体之间的连接,如球形连接、柱形连接、平面连接等。

⑧位移和转动之间的线性约束,壳单元与实体单元之间的固定连接。

⑨带失效的节点固定连接。

(6)自适应网格划分

自适应网格划分技术通常用于大变形的情况,LS-DYNA 主要有两种方法:自适应网格划分和任意拉格朗日—欧拉网格(ALE)划分。

(7)ALE 和 Euler 列式

ALE 和 Euler 列式可以克服单元严重畸变引起的数值计算困难,在 LS-DYNA 程序中 ALE 和 Euler 列式有以下功能:

①多物质的 Euler 单元,可达 20 种材料。

②若干种 Smoothing 算法选项。

③一阶和二阶精度的输入算法。

④空白材料。

⑤Euler 边界条件:滑动或附着条件。

⑥声学压力算法。

⑦与 Lagrange 列式的薄壳单元、实体单元和梁单元的自动耦合。

(8)隐式求解

隐式求解用于非线性结构静动力分析,在 LS-DYNA 中可以交替使用隐式求解和显式求解。

(9)LS-DYNA 常用的前后处理器

①LS-INGRID 和 LS-POST

LS-INGRID 和 LS-POST 分别为 LSTC 公司开发的专用前后处理器。LS-INGRID 用于工作站上,功能强大,对 LS-DYNA 提供最完备的支持。LS-POST 作为后处理器操作简单,方便快捷,其最新版本更名为 LS-PREPOST,兼具前后处理功能。

②FEMB

LS-DYNA 程序 PC 版(个人电脑版)的前后处理器由 ETA 公司开发,是支持 LS-DYNA 的功能较为完备的前后处理器,且是不需要手工修改的 LS-DYNA 输入文件。

③ANSYS/LS-DYNA

ANSYS 公司开发的针对 LS-DYNA 的前后处理器,秉承了 ANSYS 的传统,ANSYS 的用户用起来比较熟悉。但有些材料模型(如高能炸药引爆燃烧材料模型、土壤和混凝土材料模型等)不能从 GUI 中直接得到,需要手工添加进 keyword(关键词)。

(10)ANSYS/LS-DYNA 的基本使用方法

ANSYS/LS-DYNA 7.0 将 LS-DYNA 960 求解器、ANSYS 7.0 的前处理 PREP7 和后处理 POST1、POST26 连为一体,一方面可以充分利用 LS-DYNA 强大的非线性动力分析功能,另一方面又可以很好地利用 ANSYS 7.0 完善的前后处理功能来建立有限元模型和观察结果。在本书的计算中,采用的 ANSYS 版本为 12.0,LS-DYNA 版本为 971,其与之前的版本没有本质的区别,只是在操作界面和使用性能上有了进一步的提高。

在 ANSYS/LS-DYNA 中,求解步骤可以归纳为:

①前处理

a. 定义单元类型。

b. 定义材料属性。

c. 建立实体模型。

d. 进行有限元网格划分。

e. 生成 PART。

f. 定义接触。

g. 约束、加载和初始速度定义。

h. 设置求解过程的控制参数。

i. 选择输出文件类型和输出时间间隔。

j. 生成 LS-DYNA 输入文件(文件后缀名为.K)。

②求解

由于 ANSYS 前处理还不支持 LS-DYNA 程序的全部功能,在输入文件 Jobname.k 生成以后,可以使用文本编辑软件对输入文件进行编辑修改,然后利用程序项中 LS-DYNA Solver 菜单项进行 GUI 输入,也可以在 DOS 模式下用命令行输入,LS-DYNA 960 求解器将读取输入文件,进行求解。

③后处理

LS-DYNA 既可以生成 ANSYS 结果数据文件(主要包括 Jobname. db 等),也可以生成 LS-DYNA 结果数据文件(主要包括 Jobname. k、d3dump、d3plot、d3thdt 等)。

对于 ANSYS 结果数据文件,可以使用 POST1 后处理器观察结构的变化和应力应变状态,使用 POST26 后处理器描述时间历程曲线。

对于 LS-DYNA 结果数据文件,可以使用 LS-POST 进行后处理。该处理器功能强大,快捷灵活,可以方便地对计算结果进行各种动画控制,以及应力、应变、压力、温度、速度、加速度、能量和动量等各种数据的输出与曲线的显示。

2.4 定量风险评价法

定量风险评价(Quantitative Risk Assessment,QRA)也称概率风险评价(PRA),通过对系统或设备失效概率和失效后果的严重程度进行量化分析,进而精确描述系统的风险,从数量上说明被评价对象的危险等级。QRA 方法综合评估潜在事故后果的严重度和可能性,以量化的个人风险和社会风险作为决策依据,在风险评价尤其是石油化工领域的风险评价方面得到了广泛应用。

风险的大小表征为事故后果和事故发生频率乘积,因此定量风险评价主要由事故后果分析和事故频率分析两部分组成。

2.4.1 定量风险评价指标

QRA 的核心是评价区域内的个人风险和社会风险,绘制个人风险等值线和社会风险曲线。

个人风险(individual risk)是指评价区域内的所有危险源因各种潜在事故造成区域内某一固定位置的人员个体死亡的概率,通常用每年个人死亡率表示。个人风险与地理位置有关,体现为区域地理图上的风险等值线(图 2-2)。

社会风险(social risk)为能够引起大于等于 N 人死亡的所有危险源的事故累积频率 F。社会风险与区域内的人口密度密切相关,用社会风险曲线(F-N 曲线)表示(图 2-3)。

个人风险和社会风险指标在风险决策中的作用不同。个人风险关注的是点,结合不同水平的个人风险等值线和不同功能区(如工业区、商业区、居民区、医院等)的风险承受标准进行风险决策,通常针对某一需要保护的具体目标。社会风险关注的是面,反映的是公众所面临的风险,是与人口密度密切结合的危险活动风险的量度。

2.4.2 定量风险评价模型

(1)个人风险计算模型

危险源的个人风险计算模型如图 2-4 所示。

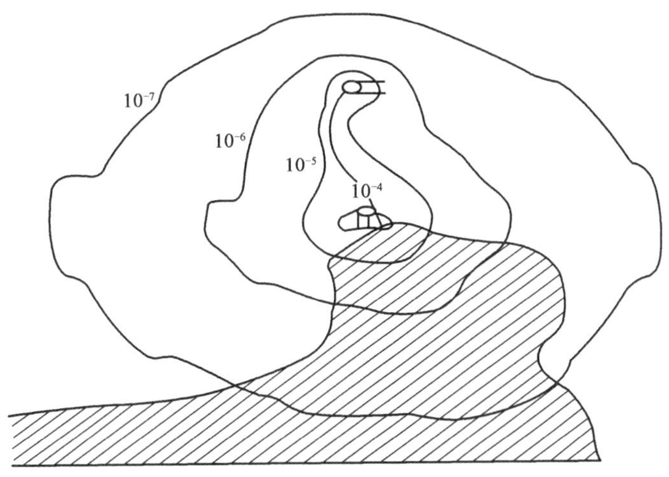

图 2-2 个人风险等值线示意图

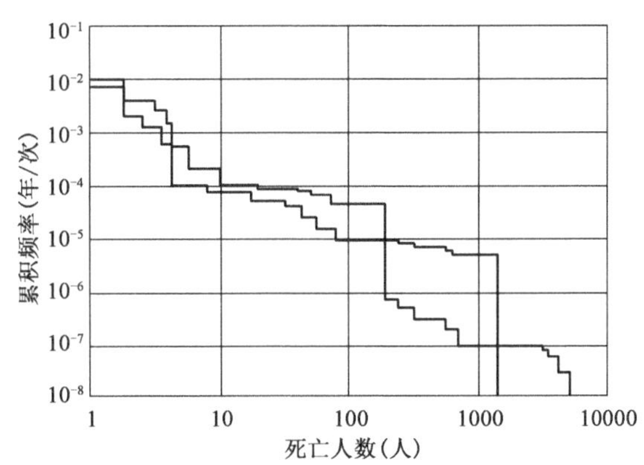

图 2-3 社会风险曲线(*F-N* 曲线)

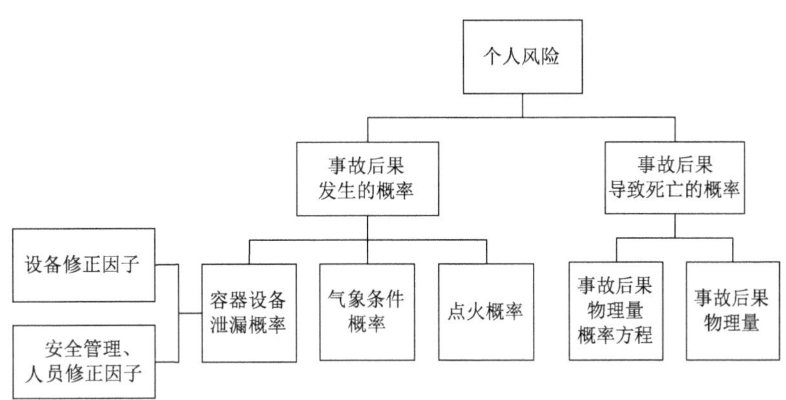

图 2-4 个人风险的计算模型

对于区域内的任一危险源,其在区域内某一空间坐标为(x,y)处产生的个人风险可由下式计算:

$$R(x,y) = \sum_{s=1}^{S}\sum_{w=1}^{W}\sum_{i=1}^{I} F_{s,o} F_{E} F_{M} P_{w} P_{i} V_{s}(x,y) \tag{2-1}$$

式中：$R(x,y)$——危险源在(x,y)处产生的个人风险；

$F_{s,o}$——第s个容器设备泄漏事件发生的原始频率；

F_E——设备修正系数；

F_M——安全管理、人员修正系数；

P_w——气象条件概率；

P_i——点火源的点火概率；

$V_s(x,y)$——第s个事故情景在(x,y)处引起个体死亡的概率；

S——容器设备泄漏事件的个数；

W——气象条件的个数；

I——点火源的个数。

(2)社会风险计算模型

危险源的社会风险计算模型如图2-5所示。

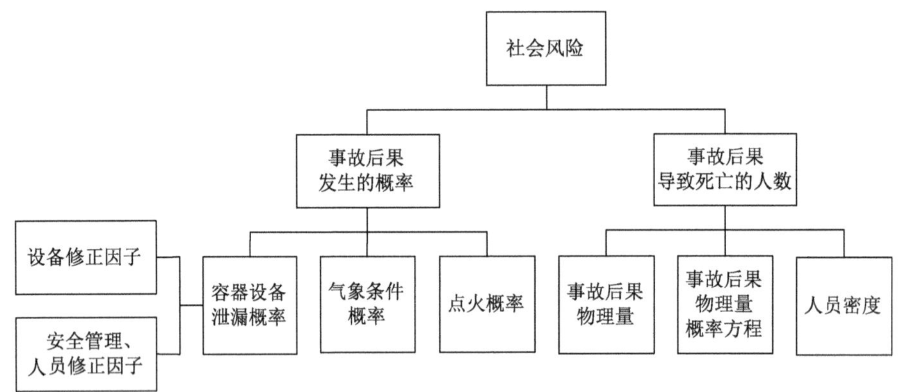

图2-5　社会风险的计算模型

对于区域内的任一危险源，其引起的社会风险累计频率可由下式计算：

$$F_N = \sum_{s=1}^{S}\sum_{w=1}^{W}\sum_{i=1}^{I} F_{s,o} F_{E} F_{M} P_{w} P_{i} \qquad (n \geqslant N) \tag{2-2}$$

式中：F_N——N人以上死亡的累计频率；

$F_{s,o}$——第s个容器设备泄漏事件发生的原始频率；

F_E——设备修正系数；

F_M——安全管理、人员修正系数；

P_w——气象条件概率；

P_i——点火源的点火概率；

S——容器设备泄漏事件的个数；

W——气象条件的个数；

I——点火源的个数；

n——死亡人数。

将计算得到的累计频率 F_N 与死亡人数 N 绘制曲线，即可得到危险源的社会风险 F-N 曲线。

2.4.3　定量风险评价程序

定量风险评价的程序如图 2-6 所示。

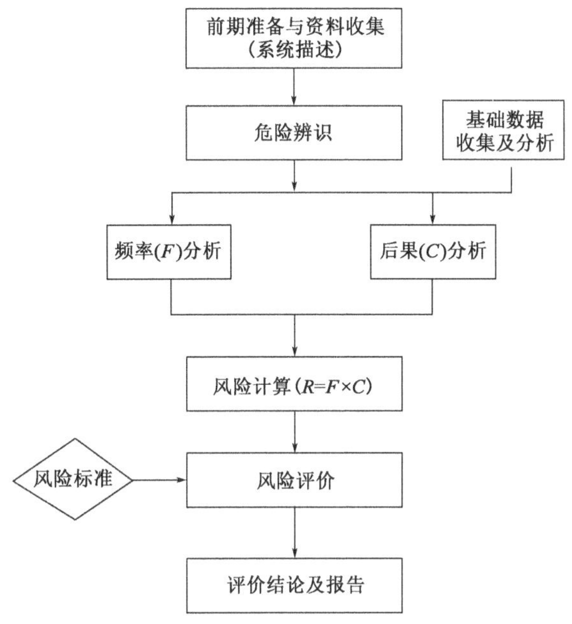

图 2-6　定量风险评价的程序

第3章　盾构施工对邻近油气管线安全影响分析

地下管线是城市基础设施建设中非常重要的组成部分,是一个城市生存与发展的“地下生命线”。当地铁隧道邻近或者需要穿越地下管线时,不可避免地会对其上覆土层以及岩体产生影响,势必会对既有管线产生影响,使之沉降或者产生弯曲,甚至无法正常使用。本章将结合某地铁区间下穿LNG(液化天然气)管线工程,分析地铁区间隧道下穿油气管线的施工安全性。

3.1　工程概况

国内某地铁线路区间采用盾构法施工,区间下穿ϕ300mm和ϕ600mm的LNG高压天然气管线。ϕ300mm LNG管线横跨区间段,埋深约7m,距离盾构区间顶部6.74m,并行段埋深为1.2m,与区间并行长度260m,平面距离0~21m,区间与LNG管线实际距离为6.7~25m。ϕ600mm LNG管线埋深为7m,距离盾构区间顶部6.74m,该LNG管线并行段埋深为1.2m,区间埋深10~14m,其中平面距离0~6m段长约110m,平面距离6~28m段长约500m,区间与LNG管线实际距离为6.7~30m。

LNG管线在横跨段采用顶管法施工,LNG管线外有直径1.2m的套管。该LNG管线的设计压力为9.2MPa,实际运营压力为8.8~9.0MPa,钢管壁厚8.4mm,采用X65钢材。LNG管线与地铁区间的位置关系见图3-1。

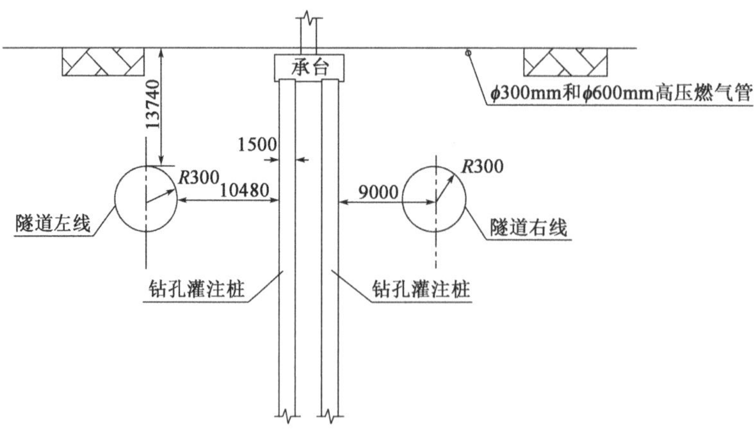

图3-1　LNG管线与区间隧道位置关系断面图(尺寸单位:mm)

3.2　工程地质条件

原始地貌为冲洪积平原向台地过渡地貌，地形略有起伏，地面已修建成道路和建筑物。地面高程一般为9.98～28.10m。地质构造主要为燕山期花岗岩岩浆侵入作用，花岗岩在风化作用下形成残积层，上部主要为冲洪积淤泥、黏性土、砂层，地表为人工填土层，道路表层为混凝土路面。

本工程场地从上到下的地层依次为：$④_8$细砂、$④_9$中砂、$④_{10}$粗砂、$④_{11}$砾砂、$⑦_1$砾质黏性土、$⑧_1$全风化花岗岩、$⑧_2$强风化花岗岩、$⑧_3$中等风化花岗岩和$⑧_4$微风化花岗岩。

3.3　地铁区间隧道下穿 LNG 高压天然气管线数值模拟分析

3.3.1　数值模型的建立及参数的确定

1）几何模型的建立及网格划分

在数值模拟计算中，数学模型的建立是相当重要的。模型建立正确是获得符合实际的计算结果的前提，因此建模必须遵循以下原则：

（1）模型是实体简化不失真的模型，必须能很好地反映实际的空间位置和材料的物理力学特性。

（2）影响岩土体和钢管屈服破坏的因素很多且非常复杂，在设计模型时完全考虑各种因素的作用是不可能的，同时考虑现有模拟软件和计算机设备的局限性，在数值分析时合理简化是非常有必要的。

（3）必须考虑边界效应，虽然实际场地是个半无限域的空间，但是数值模拟只能在有限的范围内进行，要选择适当的边界条件。

（4）在数值模拟计算时，要综合考虑模型的尺寸及应力应变分析的要求，同时还要考虑现有计算机的容量。

地铁区间隧道下穿 ϕ300mm 和 ϕ600mm LNG 高压天然气管线模型建立如下：

（1）模型边界按照洞室中心外3～5倍洞室特征尺寸的原则确定，因此模型尺寸为148m×84m×45m（长×宽×高）。

（2）模型中的土体、管道、盾构管片均采用实体单元模拟。

（3）模型中单元的分组严格按照施工过程的需要进行，共分为9个组。

最终，模型包含实体单元（zone）311173个，节点（grid point）53218个，建立的模型见图3-2，盾构区间隧道与既有 LNG 管线的空间位置关系见图3-3，盾构隧道与既有 LNG 管线平面位置关系见图3-4。

地铁区间隧道采用盾构法施工，盾构管片外径6.0m，管片厚度300mm，采用盾构法进行开挖施工。因此，在模拟开挖的过程中，按照实际施工步骤进行各环的开挖模拟，先进行右线隧道的施工，待右线隧道施工完毕后再开挖左线隧道，记录各环施工过程中既有管线的沉降值。

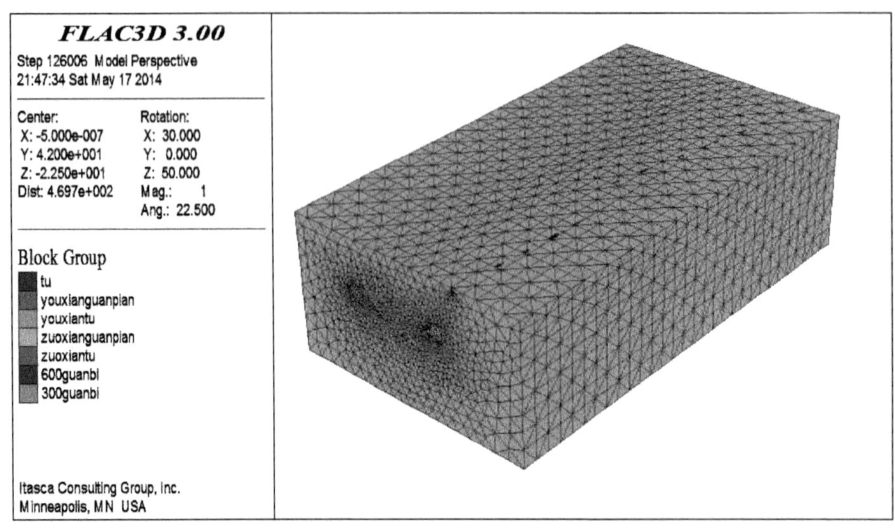

图 3-2　地铁区间隧道下穿 LNG 管线数值模型

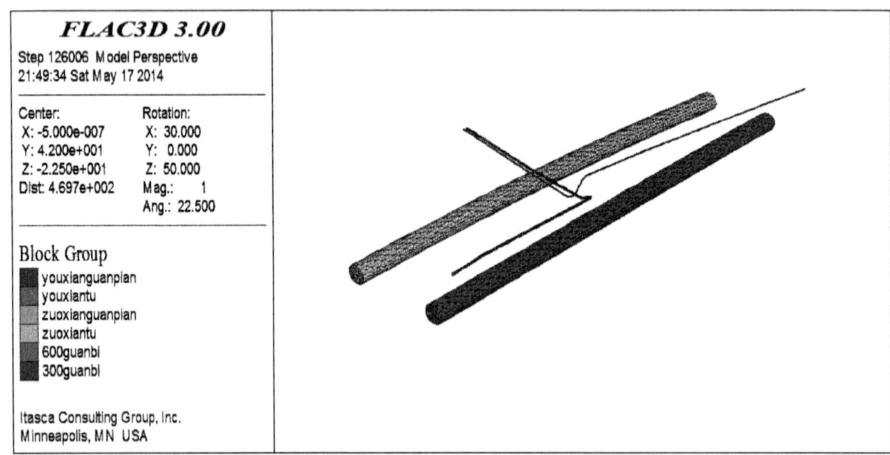

图 3-3　地铁区间隧道与 LNG 管线空间位置关系

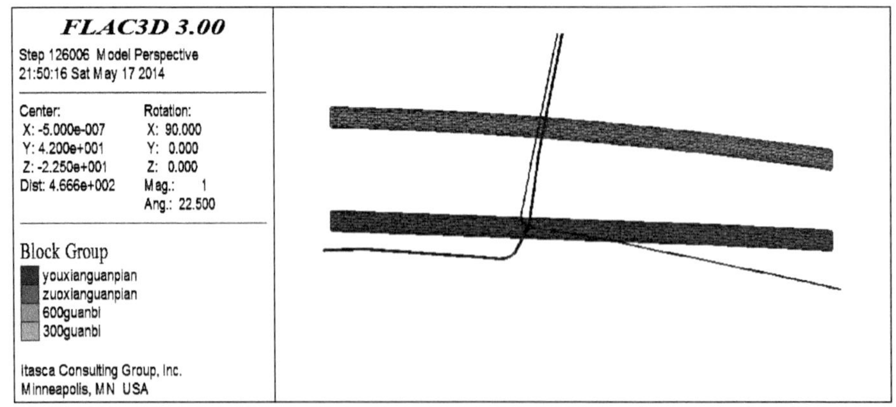

图 3-4　地铁区间隧道与 LNG 管线平面位置关系

2）岩土体及管道材料参数的确定

根据现场压水试验及地质勘察报告，本次数值模计算选取的岩土物理力学参数见表3-1。

岩土体物理力学参数　　表3-1

编　号	岩土名称	埋深（m）	重度（kN/m^3）	弹性模量（MPa）	泊松比	黏聚力（kPa）	内摩擦角（°）
1	素填土	0～-4	1800	20	0.33	5	10
2	黏土	-4～-8	2100	45	0.32	24	24
3	细砂	-8～-13	2050	37	0.33	0	38
4	中砂	-13～-18	2050	46	0.33	0	35
5	粗砂	-18～-30	1900	40	0.33	0	38
6	砾砂	-30～-45	2060	50	0.30	0	35

盾构管片取C50混凝土的材料参数，LNG管道和盾构管片材料参数见表3-2。

LNG管道与盾构管片材料参数　　表3-2

名　称	密度ρ（kg/m^3）	弹性模量E（GPa）	泊松比ν
LNG管道	7850	210	0.29
盾构管片	2500	34.5	0.2

3.3.2　数值模拟分析

盾构左线隧道距天然气管线6.74m，近90°交叉穿越LNG600与LNG300管线。右线隧道距管线12.54m，与LNG300管线位置关系为约10°斜穿，与LNG600管线位置关系为由近90°穿越逐渐变为80°穿越，之后平行。计算中采取先开挖左线隧道再开挖右线隧道的施工方案。

在对计算结果进行分析时，可分别对LNG600与LNG300管线进行分析，其中，对LNG300管线的分析可细分为90°交叉穿越和10°斜穿。

1）穿越段管线顶部沉降

本节分别对隧道左线与右线上方范围内LNG600及LNG300管线管顶监测点的沉降历时曲线进行分析。模拟计算中先开挖左线隧道至模型范围内贯通，再开挖右线隧道，共148步完成施工。表3-3给出了各编号对应的开挖面与监测点的距离情况。

各编号对应的开挖面与监测点的距离情况　　表 3-3

编　　号	左线隧道开挖面与监测点的距离	编　　号	右线开挖面与监测点的距离
1	监测点前约 6 倍洞径	6	监测点前约 7 倍洞径
2	监测点前 1 倍洞径	7	监测点前 1 倍洞径
3	监测点后 1 倍洞径	8	监测点后 1 倍洞径
4	监测点前后 6 倍洞径	9	监测点前后 7 倍洞径
5	左线隧道贯通	10	右线隧道贯通

表 3-3 中 1 ~5 和 6 ~10 分别代表左线与右线隧道开挖面在距监测点较远、接近监测点、通过后接近监测点、通过后远离监测点以及各线隧道贯通时。

(1)LNG600 管顶监测点沉降历时曲线

图 3-5 为左线隧道范围内 LNG600 管线管顶沉降历时曲线,图例中数字表示管线监测点的 Y 坐标,坐标由大至小分别表示隧道范围内管线由北至南的监测点。由于图中各监测点均在隧道开挖的强影响范围之内且距离较近,因此沉降历时曲线较为接近,沉降趋势较为吻合。

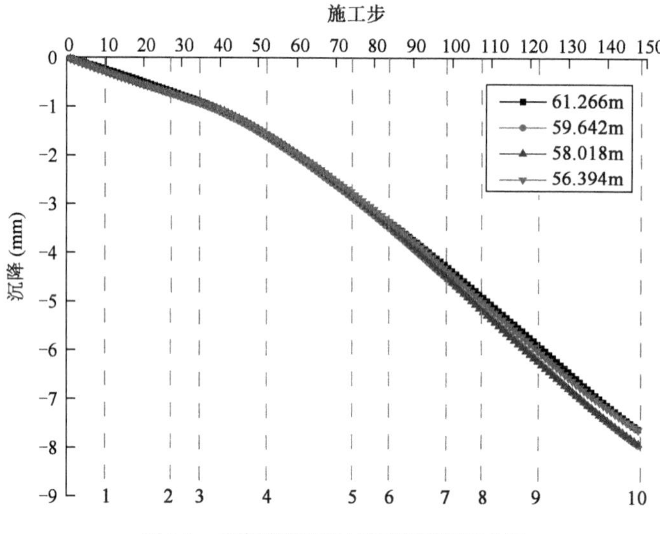

图 3-5　左线隧道范围内管顶沉降历时曲线

由图 3-5 可以看出,左线隧道施工过程中,各监测点沉降值差异不大,当右线隧道施工时,由于各监测点距右线隧道距离不同,因此沉降历时曲线也出现一定的差异。当两线隧道均通过模型范围之后,最大沉降出现在隧道拱顶正上方左、右的位置,其沉降值为 -7.9mm,在允许沉降范围之内。

图 3-6 为右线隧道范围内 LNG600 管线管顶沉降历时曲线,图例中数字的含义与图 3-5 中相同。由于右线隧道范围内管顶监测点与隧道的距离逐渐增大,各监测点的沉降历时曲线有一定的差异。由于图 3-6 为右线隧道范围内的监测点沉降曲线,因此右线隧道开挖使各监测点的沉降速率有所增大。两线隧道贯通之后监测点的最大沉降值出现在隧道拱顶位置,最大

沉降值为 -3.05mm,在允许沉降范围之内。

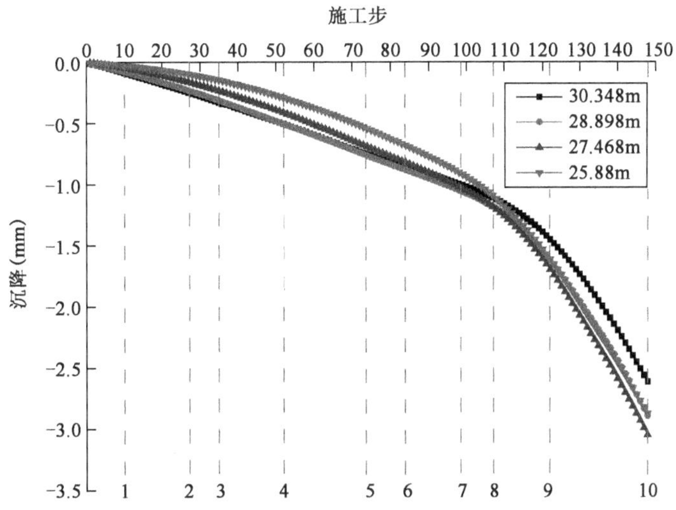

图 3-6　右线隧道范围内管顶沉降历时曲线

由于先开挖左线隧道,在计算中左线隧道范围内的监测点经历了更为充分的沉降,因此左线隧道范围内监测点的最终沉降值大于右线隧道范围内监测点的最终沉降值。

(2)LNG300 管线管顶监测点沉降历时曲线

图 3-7 为左线隧道范围内 LNG300 管线管顶沉降历时曲线,图例中数字的含义与图 3-5 中相同。当左线隧道开挖面接近监测点时,各监测点的沉降速率逐渐增大,之后随各施工步的推进,各监测点沉降值基本呈线性增大。当两线隧道均贯通之后,最大沉降值出现在拱顶位置,其值为 -7.59mm,由于与 LNG600 管线距离较近,两管线的最终沉降值相差不大。

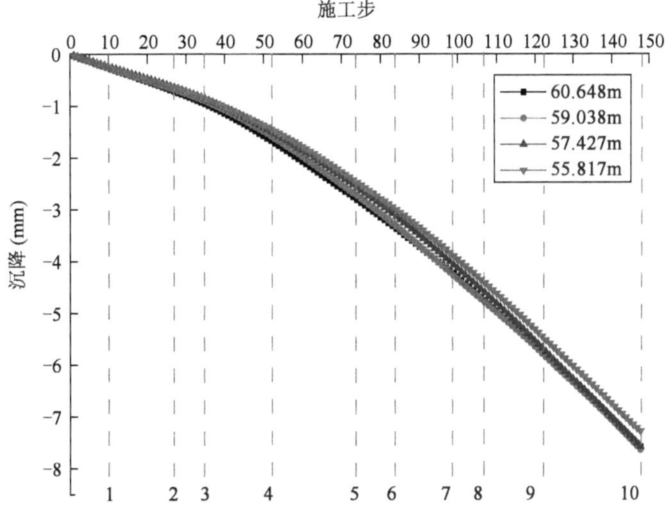

图 3-7　左线隧道范围内管顶沉降历时曲线

图 3-8 为右线隧道范围内 LNG300 管线管顶沉降历时曲线,此段管线与隧道的交叉角度仅为 10°左右,图例中数字由大至小分别表示监测点的位置由西向东。由于各监测点由

西向东依次排开，隧道施工过程中开挖面依次到达各监测点，各监测点的历时曲线变化趋势基本相同，最西端监测点的沉降值首先达到最大，之后向东监测点沉降值依次达到最大值。

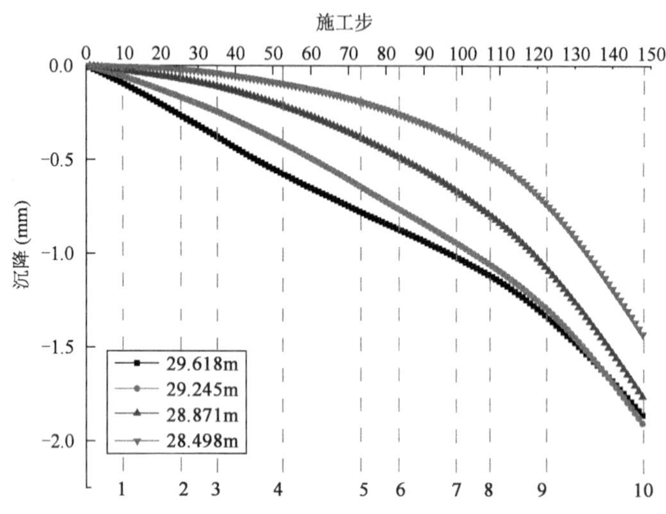

图 3-8　右线隧道范围内管顶沉降历时曲线

各监测点的最大沉降值为 -1.86mm，在允许沉降范围之内。由于此段监测点距隧道的距离小于左线隧道范围内各监测点与隧道间的距离，因此该段隧道范围内监测点的沉降值普遍小于左线隧道范围内监测点的沉降值。

2）管道整体沉降趋势

本节阐述各施工阶段既有管线的总体沉降趋势。如前所述，区间盾构隧道穿越既有 LNG 管线通过 148 步模拟计算使得双线隧道均穿越既有管线并在模型范围内贯通。若将所有施工步下管线的沉降趋势均以曲线图呈现是没有必要的，因此本节仅选取了有代表性的施工阶段进行分析，各图图例中的数字表示不同施工阶段下管线的沉降趋势，图例数字代表的含义见表 3-4。

数字代码与对应的施工阶段　　表 3-4

数字代码	左线隧道开挖面与监测点的距离	数字代码	右线隧道开挖面与监测点的距离
10-左	监测点前约 6 倍洞径	10-右	监测点前约 7 倍洞径
27-左～35-左	监测点前 1 倍洞径～监测点后 1 倍洞径	25-右～33-右	监测点前 1 倍洞径～监测点后 1 倍洞径
52-左	监测点前后 6 倍洞径	48-右	监测点前后 7 倍洞径
74-左	左线隧道贯通	74-右	右线隧道贯通

（1）LNG600 管线沉降趋势

图 3-9 为左线隧道开挖过程中既有 LNG600 管线的沉降曲线。图 3-9a）的三条曲线分别为 LNG600 天然气管线在左线隧道开挖面距管线 6 倍洞径、通过管线 6 倍洞径以及左线隧道贯通时

的沉降曲线;图 3-9b)为左线隧道开挖面位于距管道 1 倍洞径范围内时管线的整体沉降曲线。

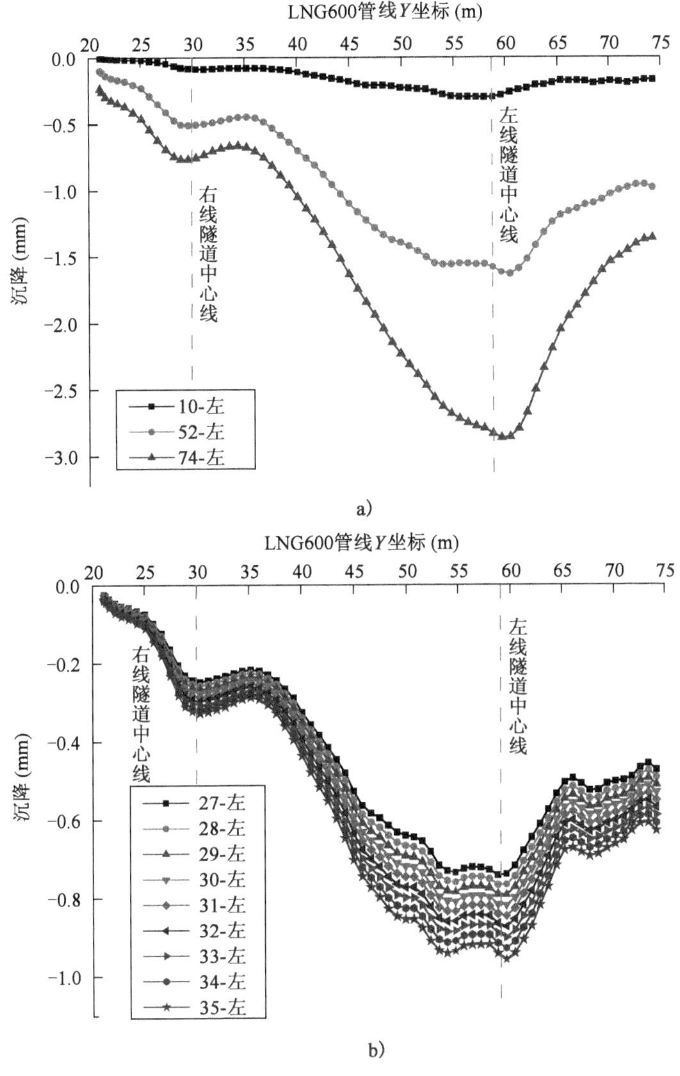

图 3-9　左线隧道开挖后既有 LNG600 管线沉降曲线

由图 3-9a)、图 3-9b)可知,在开挖面距管线约 6 倍洞径时,左线隧道上方的管线沉降开始大于其他位置的沉降,但差值不大,整体上还属于无沉降。

当隧道开挖面进入距管线 1 倍洞径范围内之后,左线隧道上方管线开始出现较大沉降,整体沉降趋势满足正态分布,符合 Peck 曲线(派克曲线)描述的沉降特性。在该范围内各阶段沉降曲线的趋势基本相同,前后两阶段各点的位移相差不大。由于右线隧道上方管线的走向以及埋深开始改变,因此在此处出现了略微偏移正态分布的沉降曲线。此阶段内管线的最大沉降值为 -0.96mm。

当左线隧道开挖面通过既有管线 6 倍洞径位置时,管线的整体沉降趋势依然满足正态分布,与开挖面在 1 倍洞径范围内管线沉降趋势基本相同,最大沉降值约为 -1.65mm。

左线隧道贯通之后既有管线的沉降趋势同样满足 Peck 曲线描述的正态分布特性，最大沉降值约为 -2.6mm。

图 3-10 为右线隧道开挖过程中 LNG600 液化天然气管线的沉降曲线。右线隧道开挖引起的管线整体沉降是在左线隧道开挖引起既有管线沉降的基础上加以发展得到的。

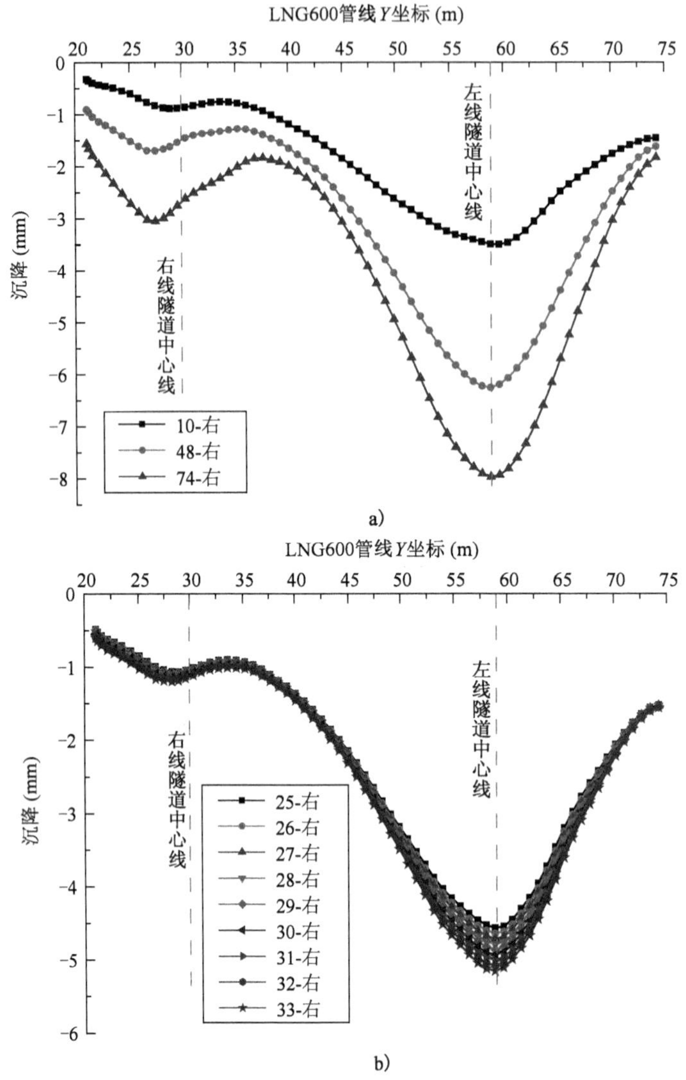

图 3-10　右线隧道开挖后既有 LNG600 管线沉降曲线

由图 3-10 可以看出，管线的整体沉降曲线较左线开挖时更为光滑，更加符合正态分布的特点。由于左线位置处管线与隧道的距离较右线位置处两者之间的距离更近，加之计算中为先开挖左线隧道，因此右线隧道开挖所引起的既有管线沉降的最大值依然出现在左线隧道范围内的管线。

各阶段管线的最大沉降值分别为 -3.5mm、-5.4mm、-6.1mm 和 -7.9mm，均在管线安全运营允许的沉降范围之内。

(2)LNG300 管线沉降趋势

根据既有资料,区间左线隧道与 LNG300 管线呈约 90°穿越,右线隧道与其呈约 10°的斜穿,之后既有管线与新建隧道走向基本平行。由于两种穿越形式下既有管线的沉降趋势有较大差异,因此本节将两处穿越引起的既有管线的沉降分别阐述。

①约 90°穿越段

图 3-11 为左线隧道开挖过程中既有 LNG300 管线在各阶段的沉降曲线,该图仅给出了左线隧道附近既有管线的沉降趋势。在开挖面距离既有管线较远位置处,管线基本为 0 沉降。当开挖面在既有距既有管线 1 倍新建隧道洞径范围内时开始,在左线隧道上方的既有管线出现大于其他位置的沉降。既有管线的沉降大体满足正态分布,最大沉降出现在左线隧道上方附近。当左线隧道贯通之后,既有管线的沉降较前几个阶段更接近 Peck 曲线所描述的正态分布特性。

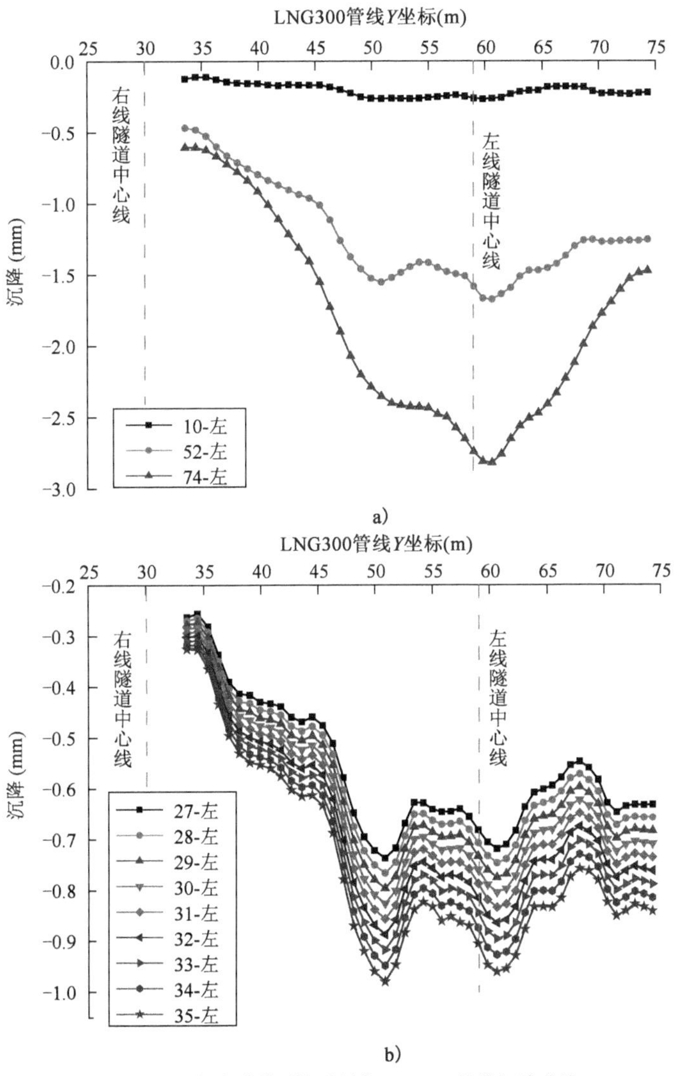

图 3-11　左线隧道开挖后既有 LNG300 管线沉降曲线

图 3-12 为右线隧道开挖后既有 LNG300 在各阶段的沉降曲线。该阶段既有管线的沉降趋势是基于左线隧道开挖所引起沉降曲线的基础上发展而来。与图 3-11 相同的是,该阶段内的沉降曲线较左线隧道开挖的沉降曲线而言更加圆滑,更接近 Peck 曲线。由于该阶段内右线隧道开挖,与图 3-11 相比,该图在管线 Y 坐标约为 32m 的位置(右线隧道附近)引起了一定的沉降。

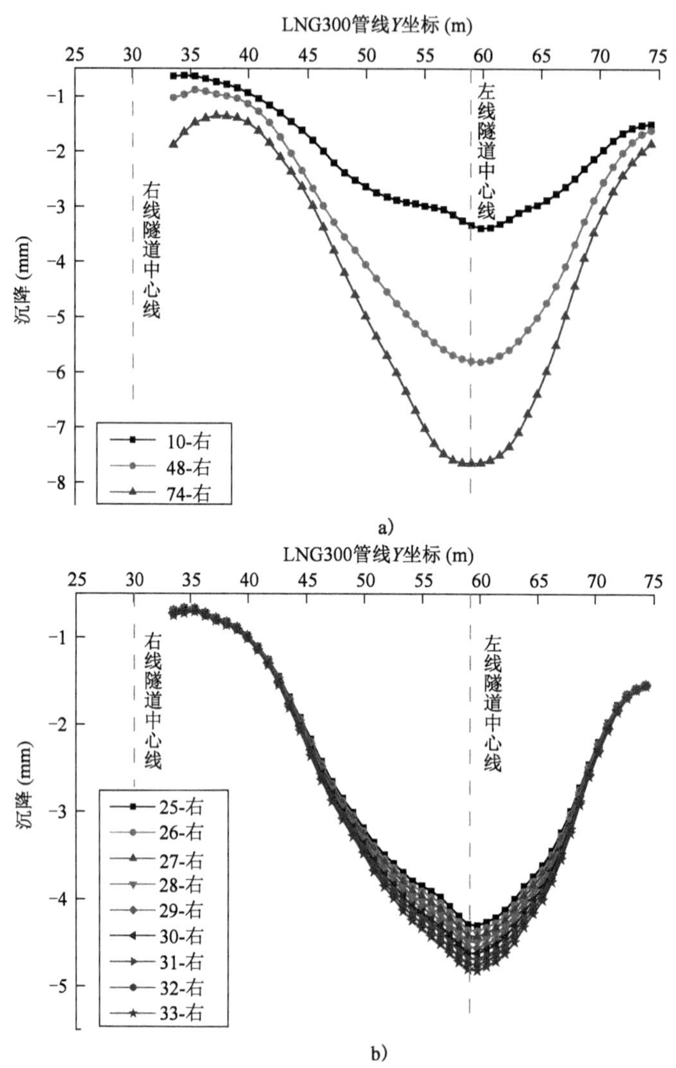

图 3-12 右线隧道开挖后既有 LNG300 管线沉降曲线

各阶段的最大沉降值分别为 -3.4mm、-4.9mm、-5.7mm 和 -7.5mm。由于该段既有管线与 LNG600 管线距离较近,因此 LNG300 管线的最大沉降值与 LNG600 管线的最大沉降值基本相同,均满足既有高压液化天然气管线安全运营允许沉降限值之内。

②约 10°斜交穿越段

图 3-13 为左线隧道开挖对与隧道右线斜交的 LNG300 管线沉降趋势的影响。由于此段管线基本呈东西走向,因此,选用了管线监测点的 X 坐标表征管线监测点位置。

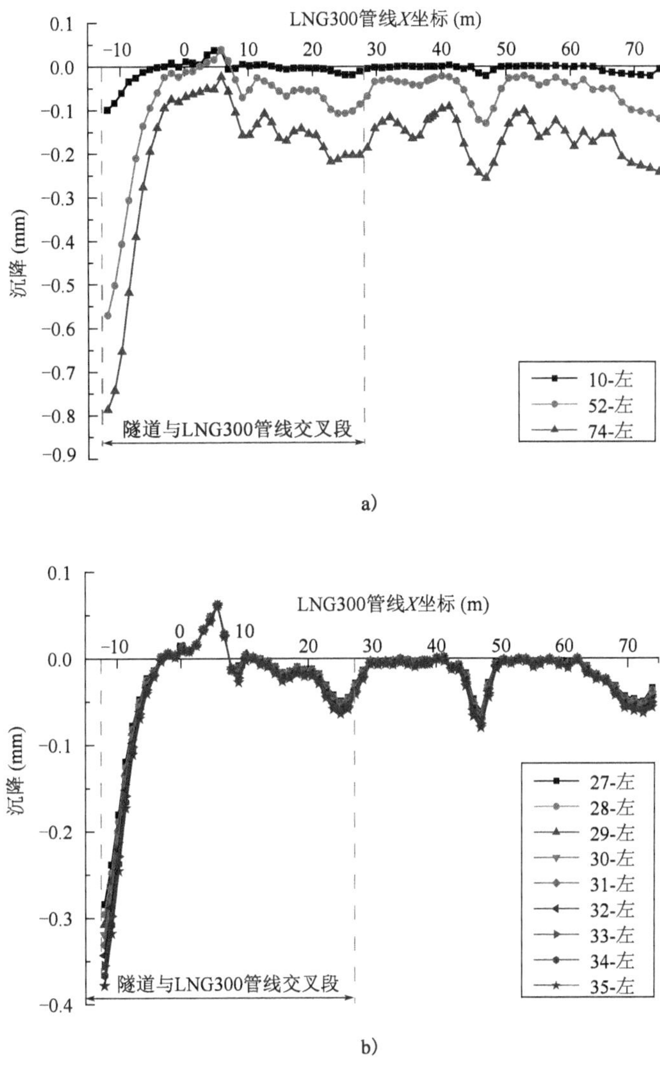

图 3-13 左线隧道开挖后既有 LNG300 管线沉降曲线(斜交)

由图 3-13 可以看出,由于左线隧道距离此段管线较远,因此其开挖对此段管线的影响较小,全过程大部分管线的沉降值较小,不超过 0.3mm,基本为 0 沉降。在曲线的最左端出现相对其他部分略大沉降的原因是此段管线与北侧 LNG300 管线相连,此段沉降主要由前段管线的沉降导致。

图 3-14 为右线隧道开挖过程对既有 LNG300 管线沉降趋势的影响。由于此段管线距离隧道右线较近,因此,此阶段内既有管线的沉降较左线隧道开挖时大幅增加。由于最左端附近的管线受北侧管线的影响,且距离右线隧道更近,影响更为严重,因此此处管线的沉降值较其他位置处管线的沉降值更大。

右线隧道开挖各阶段 LNG300 管线的最大沉降值分别为 -0.9mm、-1.15mm、-1.32mm 和 -1.9mm,均在既有管线安全运营的允许沉降限值之内。

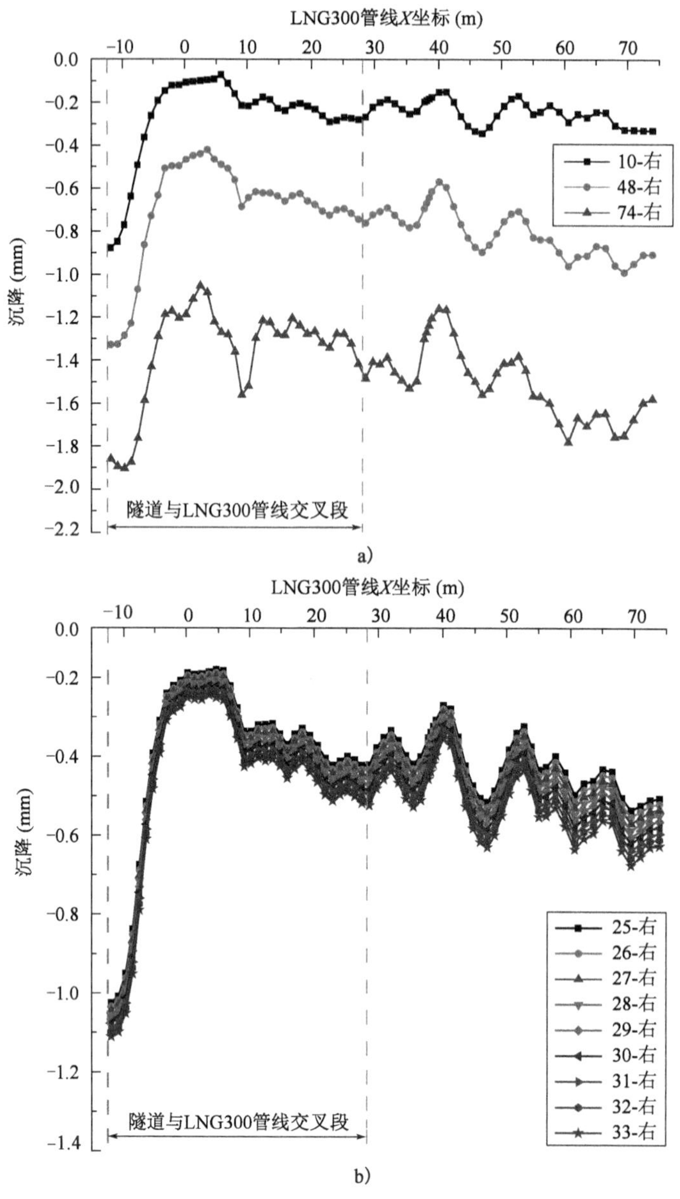

图 3-14　右线隧道开挖后既有 LNG300 管线沉降曲线(斜交)

3)管线斜率

图 3-15 ~ 图 3-18 为区间隧道施工后影响范围内 LNG600 与 LNG300 管线斜率历时曲线。由于该段为双线隧道,隧道开挖会引起地层移动,产生满足双 Peck 曲线的变化趋势,进而引起管道的同步变形。由于管道在该段范围内右线上方管道与隧道间距大于左线隧道,左线隧道开挖对范围内管道影响较大,因此,以左线附近管线的斜率为重点研究对象。

由图 3-15 ~ 图 3-18 可知,隧道开挖引起管道斜率呈线性变化,随着隧道开挖,管线斜率逐渐增大。各位置管线的最大斜率见表 3-5,可以看出,LNG600 管线的最终斜率要普遍大于

LNG300 管线相应位置处的斜率。

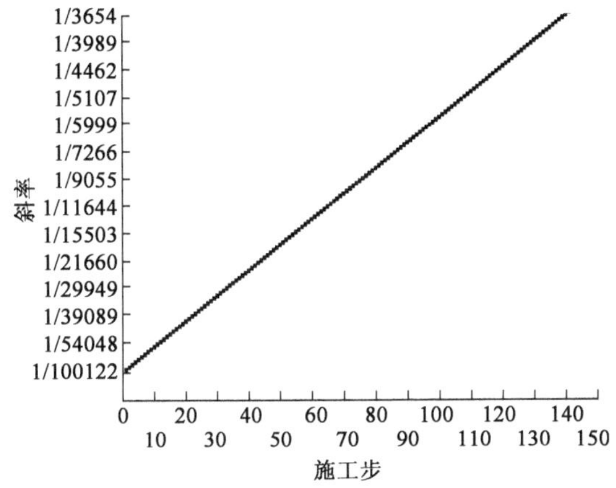

图 3-15 左线隧道右侧上方 LNG600 管线斜率历时曲线

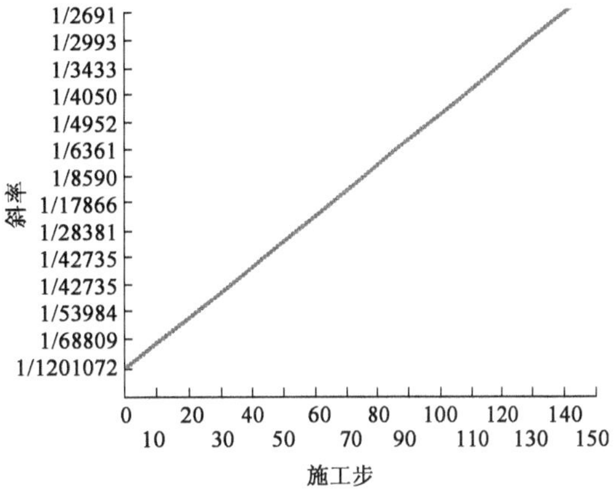

图 3-16 左线隧道左侧上方 LNG600 管线斜率历时曲线

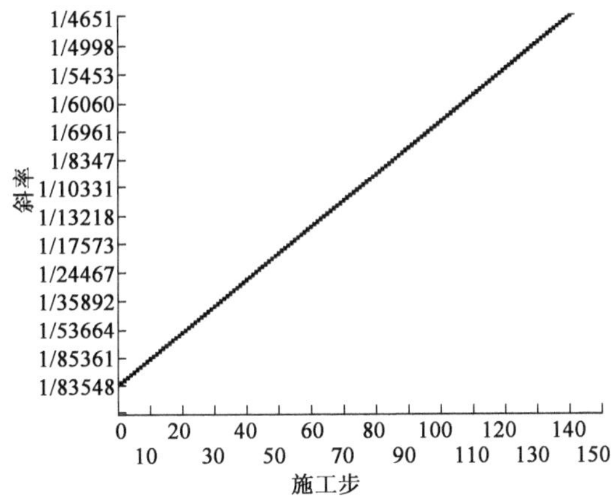

图 3-17 左线隧道右侧上方 LNG300 管线斜率历时曲线

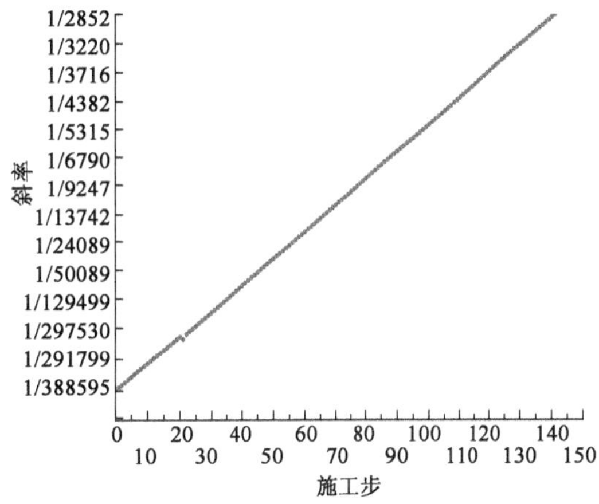

图 3-18 左线隧道左侧上方 LNG300 管线斜率历时曲线

管线各位置的最大斜率 表 3-5

管 线 名 称	管 线 位 置	最 大 斜 率
LNG 600	左线隧道右上	1/3453
	左线隧道左上	1/2513
LNG 300	左线隧道右上	1/4424
	左线隧道左上	1/2642

3.3.3 数值模拟结论

对各监测点沉降值与施工步的变化关系以及管线整体沉降与施工步关系进行分析,可得以下几点结论:

(1)新建区间隧道洞径为 6.0m,通过分析发现,管线沉降较为明显的范围约为通道上方两侧各 23m。

(2)左线隧道范围内既有管线的沉降历时曲线较为类似,各条曲线相差不大,主要原因在于左线隧道范围各点距离较近,并且 LNG300 与 LNG600 管线距离较近。在右线隧道范围内各点沉降历时曲线差异较大,引起这种差异的原因在于此范围内两条既有管线的走向及埋深均有较大的改变。

(3)各点的沉降历时曲线大致可以分为两部分,第 1 部分左线隧道完全贯通前历时曲线沉降速率较为缓慢,第 2 部分右线隧道开挖过程中沉降速率有所增大。

(4)隧道左线范围内既有 LNG 管线的总体沉降趋势满足正态分布,符合 Peck 公式的描述,并且左线隧道开挖所引起的既有管线的沉降较右线隧道开挖引起的相应管线沉降曲线更为圆滑,更加符合理想的正态分布曲线。

(5)与新建隧道右线呈约 10°斜交的 LNG300 管线的沉降趋势满足距新建隧道越近,沉降值越大的特点。当距离超过一定范围之后,各点的沉降值差距不大,且有随开挖面推进整体沉降的趋势。

(6)由于新建隧道采用盾构法施工,对既有建(构)筑物沉降控制较好。既有 LNG600 与 LNG300 管线双线隧道在计算模型范围内均贯通之后的最大沉降值分别为 -7.9mm 和 -7.5mm,均满足高压液化天然气管线对于安全运营要求的沉降限值。

(7)区间隧道施工在影响范围内引起既有 LNG 管线的不均匀沉降,LNG600 与 LNG300 管线的斜率随施工线性增大,在隧道通过影响区域达到最大。

3.3 本章小结

(1)管线较为明显的沉降发生在新建区间隧道开挖面宽度的 3.83 倍范围内。

(2)管线垂直上穿新建地铁区间,最大沉降点位于新建隧道拱顶附近,其沉降曲线符合 Peck 曲线。

(3)管线整体沉降曲线随各施工步有所变化,最大沉降点位于新建隧道拱顶附近,并随开挖面的推进而改变。

(4)从数据看,LNG600 管线的斜率大于相应范围内 LNG300 管线的斜率。

(5)基于模型分析,整个隧道开挖过程可分为稳定期、临界点和变形期。在稳定期,地表和管线变形不明显;达到临界点后,岩体承重平衡被打破,并进入变形阶段;在变形期,管线呈现加速变形趋势。

第4章 暗挖施工对邻近油气管线安全影响分析

4.1 工程概况

某地铁车站出入口下穿LNG管线，出入口紧贴道路红线布置，出入口顶板距离LNG管线6.17m。该LNG管线的设计压力为9.2MPa，实际运营压力为8.8～9.0MPa，钢管壁厚8.4mm，采用X65钢材，埋深1.2m。出入口口部及与主体相接部分采用明挖法施工，下穿LNG管线段采用暗挖法施工，为确保LNG管线施工期间的安全，暗挖部分采用CRD法（交叉中隔壁法）+全断面双液浆注浆法施工。出入口与既有LNG高压液化天然气管线的位置关系见图4-1。

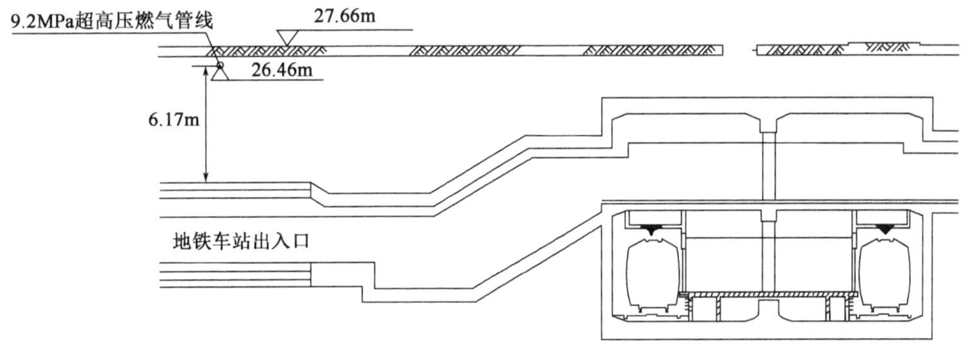

图4-1 出入口与LNG高压天然气管线位置关系剖面图

4.2 工程地质条件

原始地貌为冲洪积平原向台地过渡地貌，地形略有起伏，地面已修建成道路和建筑物。地面高程一般为9.98～28.10m。地质构造主要表现为燕山期花岗岩岩浆侵入作用，花岗岩在风化作用下形成残积层，上部主要为冲洪积淤泥、黏性土、砂层，地表为人工填土层，道路表层为混凝土路面。

本工程场地从上到下的地层依次为：$①_1$素填土、$①_3$素填土、$④_1$淤泥、$④_2$淤泥质黏土、$④_3$淤泥质粉质黏土、$④_4$黏土、$④_8$细砂、$④_9$中砂、$④_{10}$粗砂、$⑦_1$砾质黏性土、$⑧_1$全风化花岗岩、$⑧_2$强风化花岗岩、$⑧_3$中等风化花岗岩、$⑧_4$微风化花岗岩。

4.3 出入口下穿LNG高压天然气管线数值模拟分析

4.3.1 数值模型的建立及参数的确定

1)几何模型的建立及网格划分

根据第3.3.1节描述的建模原则,出入口下穿LNG300高压天然气管线模型建立如下:

(1)模型边界按照洞室中心外3~5倍洞室特征尺寸的原则确定,因此模型尺寸为62.4m×17.2m×45m(长×宽×高)。

(2)模型中的土体、管线、初期支护及二次衬砌均采用实体单元进行模拟。

(3)模型中单元的分组严格按照施工过程的需要进行,共分为26个组。

模型包含实体单元(zone)65625个,节点(grid point)12667个,建立的总体模型见图4-2,新建A出入口暗挖隧道与既有LNG管线的位置关系见图4-3。

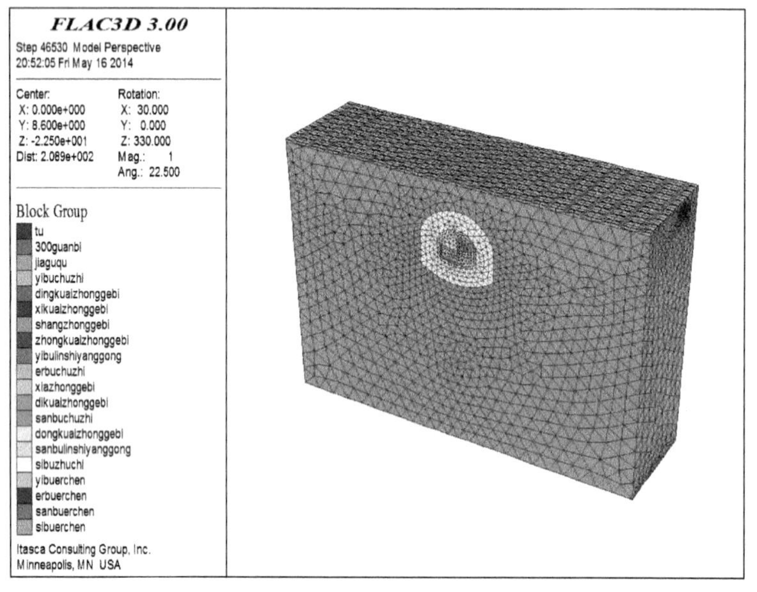

图4-2 新建A出入口下穿LNG管线模型

根据施工方案,出入口施工采用交叉中隔壁法(CRD法)+深孔全断面注浆法,注浆范围为隧道全断面及周边3m范围,全断面注浆材料为水泥—水玻璃双液浆。深孔注浆沿隧道掘进方向8m一环,形成2m止水盘,注浆管的倾角及长度根据现场工程地质条件及施工条件综合确定。

出入口下穿既有LNG 300高压液化天然气管线施工步序见图4-4。

暗挖段施工工序为:打设1部超前小导管→开挖1部土体→架设1部初期支护→1部贯通之后开挖2部土体→架设2部初期支护→2部贯通后打设3部超前小导管→开挖3部土体→架设3部初期支护→3部贯通后开挖4部土体→架设4部初期支护→4部贯通之后拆除下部中隔壁并浇筑二次衬砌→拆除上部中隔壁并浇筑拱部二次衬砌→施工完毕。

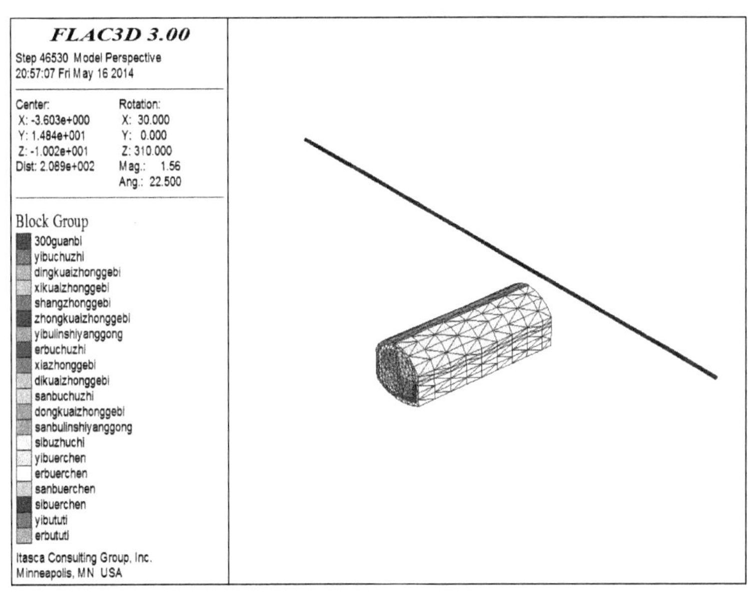

图 4-3　出入口与 LNG 管线位置关系

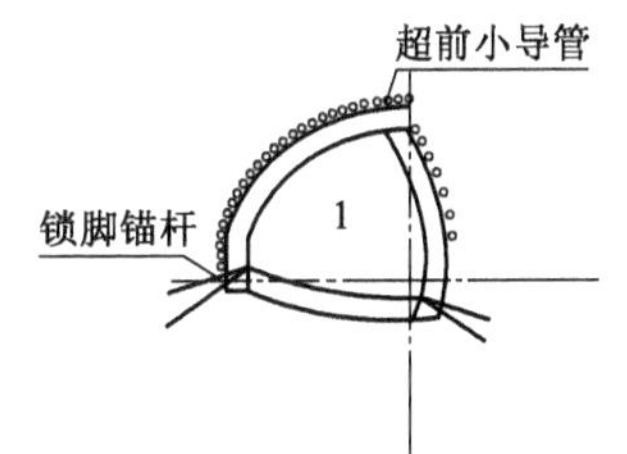

a)施作1部超前小导管，注浆加固地层；开挖1部土体施做初期支护及临时支护，采用锁脚锚管加固拱脚

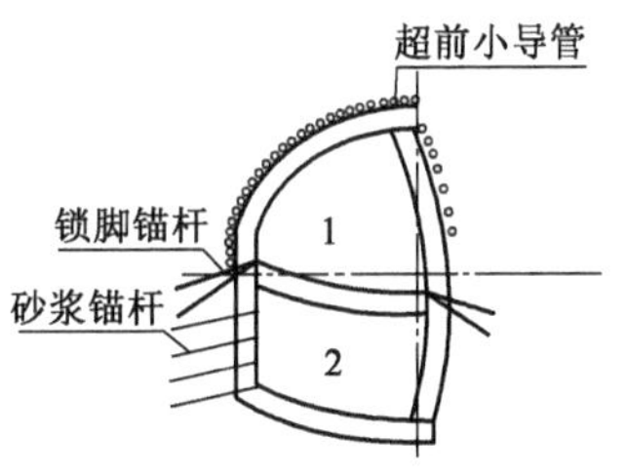

b)1部贯通后，开挖2部土体，施作初期支护及临时支护

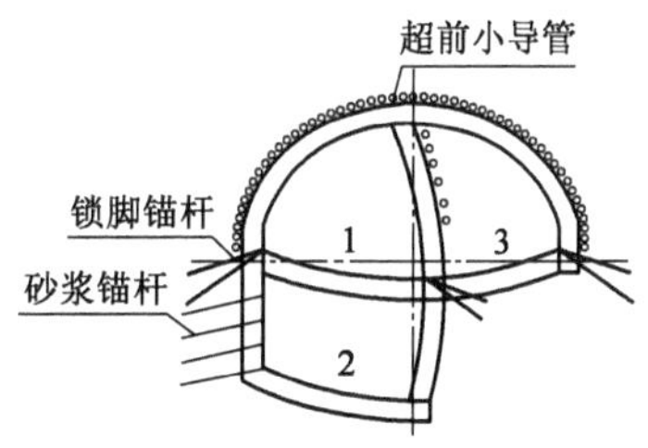

c)1、2部贯通后，施作3部超前小导管，注浆加固地层，开挖3部土体，施作初期支护及临时支护

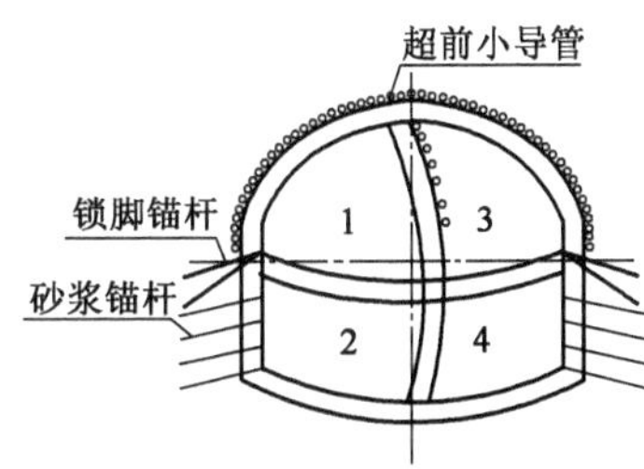

d)开挖4部土体，施作初期支护，初期支护封闭成环，进行初期支护背后注浆

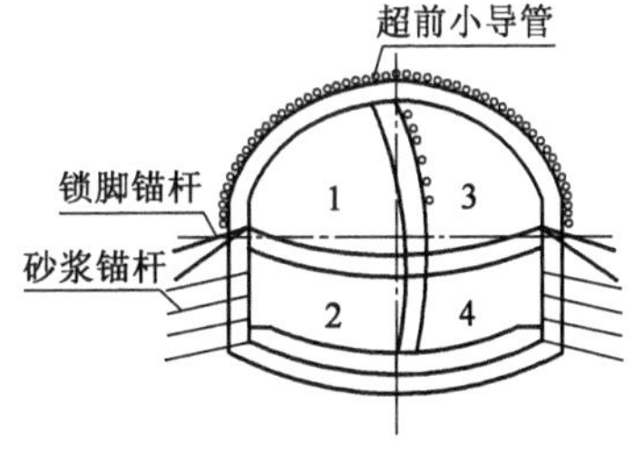

e)逐段拆除底部临时支护，每段拆除6～8m，并结合现场监控量测结果进行调整，敷设仰拱防水板、施作防水保护层，浇筑仰拱二次衬砌，预留钢筋、防水板接头

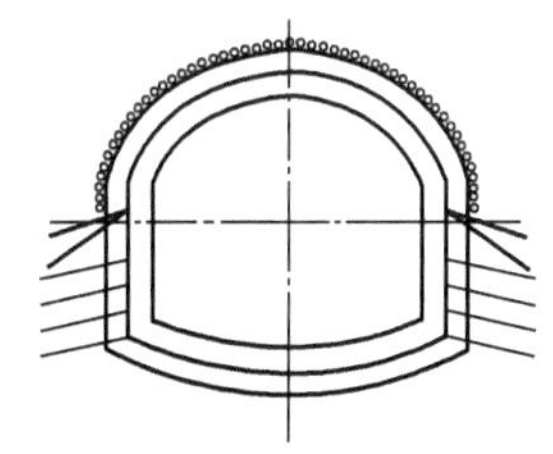

f)逐段拆除剩余临时支撑，敷设边墙、拱部防水层，浇筑边墙、拱部二次衬砌，结构封闭成环，进行二次衬砌背后注浆

图 4-4　出入口施工工序

出入口断面及加固区模型见图 4-5。

出入口的开挖模拟过程见图 4-6 ~ 图 4-11，模拟开挖过程严格按照施工工序，并结合模型实际情况。各部开挖进尺均为 2m，开挖模拟中先开挖土体及初期支护轮廓，使用 step 计算一

定步数模拟掌子面开挖至初期支护架设之间的一段空隙时间，按照开挖过程，前一导洞贯通后进行下一导洞的施工。二次衬砌的模拟过程为：先拆除底部中隔壁，每 2m 拆除一次，之后浇筑下部二次衬砌至贯通。拱部二次衬砌模拟过程与下部二次衬砌模拟过程相同。

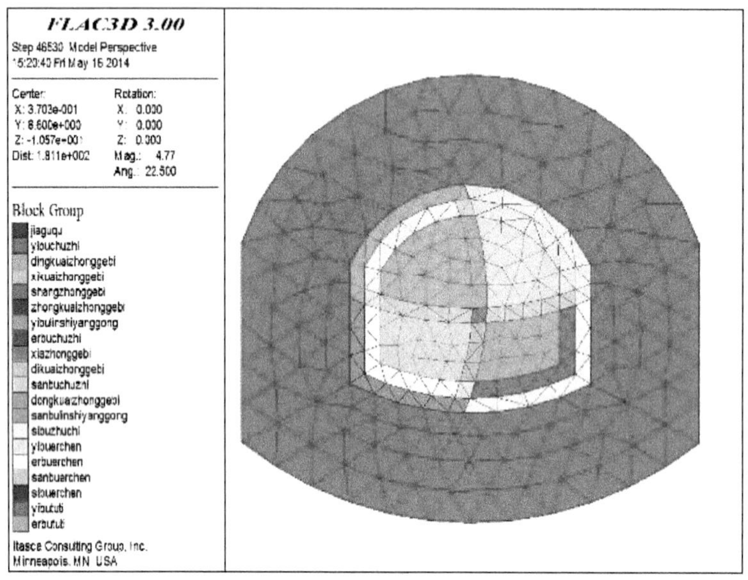

图 4-5　出入口断面及加固区模型

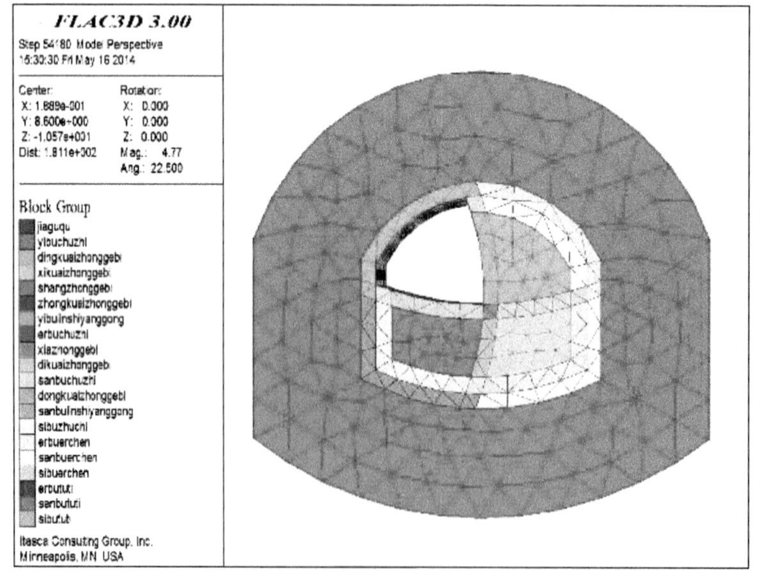

图 4-6　1 部贯通

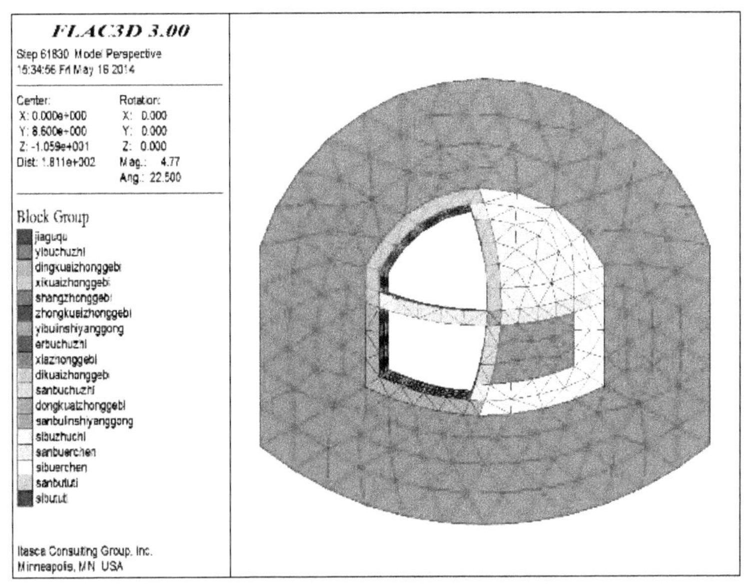

图 4-7　2 部贯通

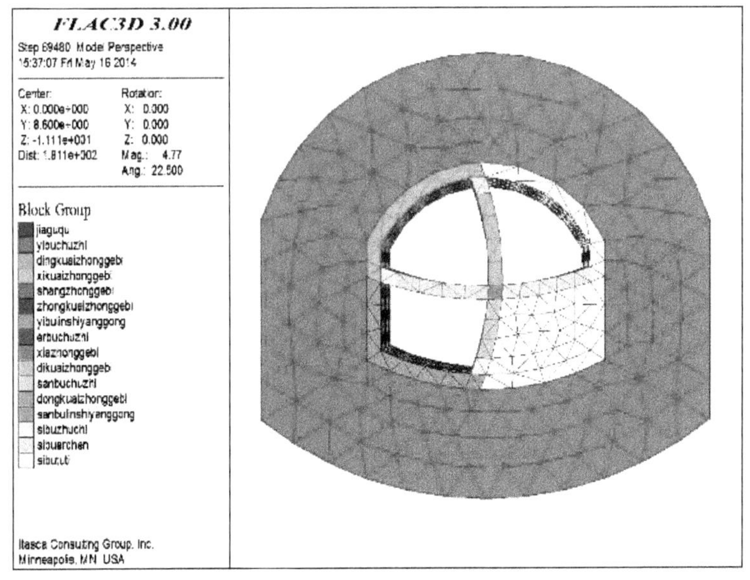

图 4-8　3 部贯通

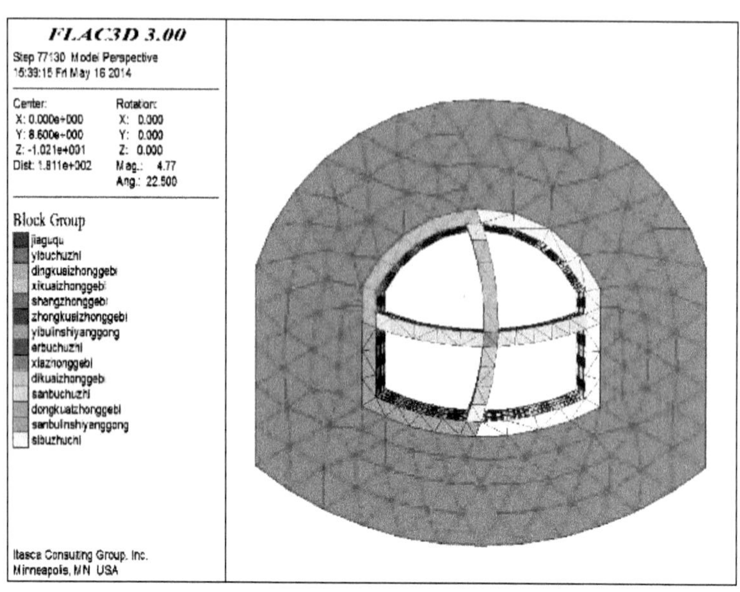

图 4-9　4 部贯通

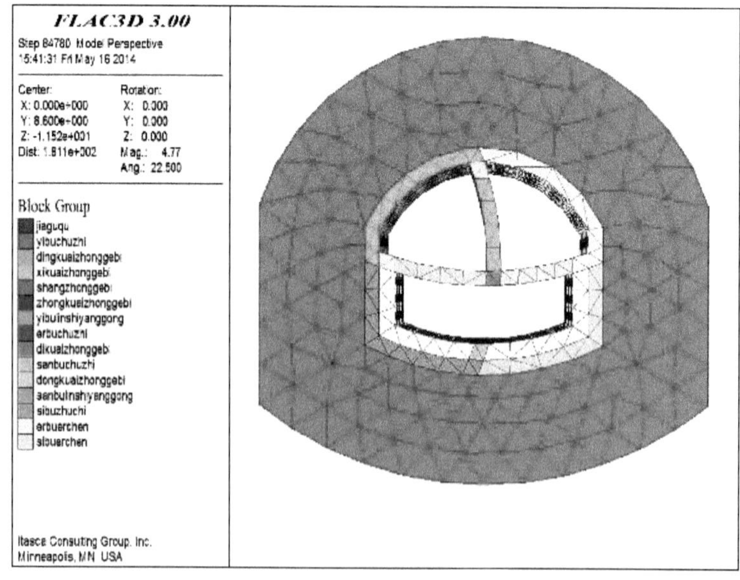

图 4-10　下部二次衬砌浇筑完成

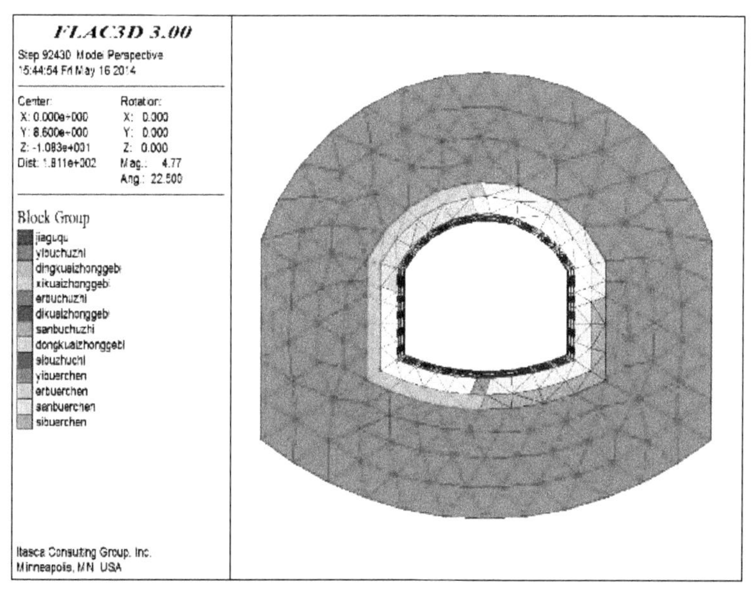

图 4-11　拱部二次衬砌浇筑完成(施工完毕)

2)岩土体及管道材料参数的确定

在综合考虑场地的岩土工程勘察结果和数值模拟的计算需求后,对岩土体的基本参数进行取值。根据地质勘察报告并结合模型计算需要,将计算范围内土体分为6层,各层物理力学参数见表4-1。

岩土体物理力学参数　　表4-1

编　　号	岩土体名称	埋深(m)	重度(kN/m^3)	弹性模量(MPa)	泊松比	黏聚力(kPa)	内摩擦角(°)
1	素填土	0 ~ -4	1800	20	0.33	5	10
2	黏土	-4 ~ -8	2100	45	0.32	24	24
3	细砂	-8 ~ -13	2050	37	0.33	0	38
4	中砂	-13 ~ -18	2050	46	0.33	0	35
5	粗砂	-18 ~ -30	1900	40	0.33	0	38
6	砾砂	-30 ~ -45	2060	50	0.30	0	35
7	加固区	—	2400	80	0.3	6	20

管道采用X65钢材,X65钢材卷板具有连续屈服特征,无明显的屈服平台,具有非常高的延伸率,属于弹性—均匀塑性材料。

岩土体对管道的影响在模拟中是通过共用节点对来实现,即出入口暗挖隧道的开挖引起的周围应力重分布通过岩土体的节点,传导到管道的节点上,引起管道上材料的应力应变响应。由于本模拟的管线内部存在高压,外部介质的微小扰动都可能引起管道的局部变形,使局部范围产生微裂纹甚至裂缝,再在其内部高压的作用下,将会使裂纹加速扩张引起管道破裂,最终可能会造成天然气的泄漏,其后果将不堪设想。考虑其应力应变值时,参考《输气管道工程设计规范》(GB 50251—2015)中的相关规定。输气管道径向稳定性要求为:当管道埋设较深或外荷载较大时,按无内压状态校核其稳定性。本模拟为高压管道,无内压时都未达到要求,则高压状态时更不能达到稳定性要求。

如前所述,对于 LNG 管道和暗挖隧道初期支护及二次衬砌的混凝土材料采用弹性模型进行模拟,材料参数见表 4-2。

LNG 管道及混凝土材料参数 表 4-2

材 料 名 称	密度 ρ(kg/m^3)	弹性模量 E(GPa)	泊 松 比 ν
LNG 管道	7850	210.0	0.29
初期支护混凝土材料	2500	30.0	0.2
二次衬砌混凝土材料	2500	34.5	0.2

4.3.2 数值模拟分析

出入口下穿高压 LNG 管道在模拟计算中考虑了初期支护及二次衬砌施工全过程。管道距离出入口暗挖段北侧距离约为 5.2m,在分析中考虑通道开挖对管道整体沉降以及管道顶部监测点沉降的影响。

1)穿越段管道顶部沉降

既有管道顶部沉降历时曲线反映了通道开挖施工过程对管线沉降值变化的影响趋势。模拟计算中选取 LNG 管道顶部的 25 个点的沉降值作为沉降历时的研究对象,通道正上方监测点为 0,左侧监测点为负值,右侧为正值。各监测点的沉降历时曲线见图 4-12 ~ 图 4-16。图中横坐标表示施工步,数字 1 ~9 表示 1 部从开挖至贯通;10 ~18 表示 2 部从开挖至贯通;19 ~27 表示 3 部从开挖至贯通;28 ~36 表示 4 部从开挖至贯通;37 ~45 表示浇筑下部二次衬砌混凝土;46 ~54 表示通道二次衬砌浇筑完毕。

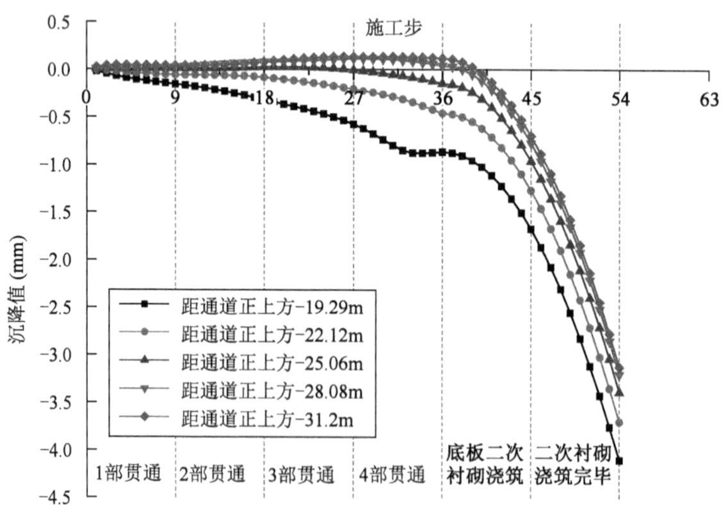

图 4-12 距通道正上方 -31.2 ~ -19.29m 管道顶部监测点沉降历时曲线

图 4-12 为左侧距通道正上方最远的 5 个监测点的沉降历时曲线,从图中可以明显地看

出,由于距离中心较远,-31.2m 和 -28.08m 的监测点在通道开挖的前 4 个过程(1~4 部贯通)中,管道出现了一定的上移。在通道二次衬砌浇筑的过程中,各监测点均出现了较为明显的沉降,其中顶部二次衬砌混凝土浇筑过程中产生的沉降最为明显。

由于距离中心点较近,-25.06~-19.29m 的监测点在各阶段均产生了一定的沉降,与前述监测点较为类似的是,在二次衬砌浇筑阶段,监测点沉降值比前 4 个施工过程更大。距离中心越近,监测点的沉降值越大,各监测点最大沉降值分别为 -3.12mm、-3.20mm、-3.39mm、-3.70mm和 -4.11mm。

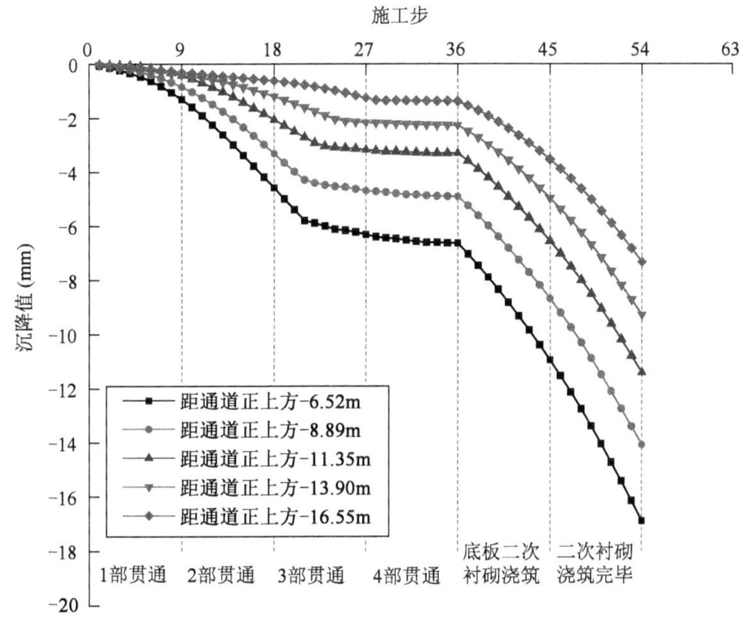

图 4-13　距通道正上方 -16.55~-6.52m 管道顶部监测点沉降历时曲线

图 4-13 为距离通道正上方 -16.55~-6.52m 范围内 5 个监测点的沉降历时曲线。由于距离中心点较前述 5 个监测点更近,因此在各个施工阶段没有出现抬升的现象。历时曲线大致分为 3 个阶段,前两部贯通过程中,各点沉降速率较快;3~4 部贯通施工过程中,各点沉降速率放缓;二次衬砌浇筑过程中各点的沉降速率逐渐增大。

距离中心点由远至近的最大沉降值依次变大,各监测点沉降值分别为 -7.32mm、-9.28mm、-11.41mm、-14.08mm 和 -16.89mm。

图 4-14 为通道正上方 8.5m 范围内 5 个管顶监测点的沉降历时曲线。由于通道开挖宽度为 6.7m,因此此范围为通道开挖影响较大的区域。通过比较发现,各点的沉降历时曲线的变化趋势一致,且各阶段内沉降值的差别不大。在通道开挖施工的前 3 个阶段(1~3 部贯通)内,沉降速率较大;第 4 阶段内沉降速率较小;二次衬砌浇筑过程中引起的沉降值较大。从图中可以发现,二次衬砌浇筑引起的管顶沉降约占总体沉降的 50%,因此在施工中应当将二次衬砌浇筑的施工作为既有管线沉降控制的主要施工过程。

由于该范围内 5 个监测点为对称分布,因此最大沉降值也呈现对称的特征,从 -4.25m 至 4.25m,各点最大沉降值分别为 -18.27mm、-19.26mm、-19.81mm、-19.92mm

和 -18.75mm。

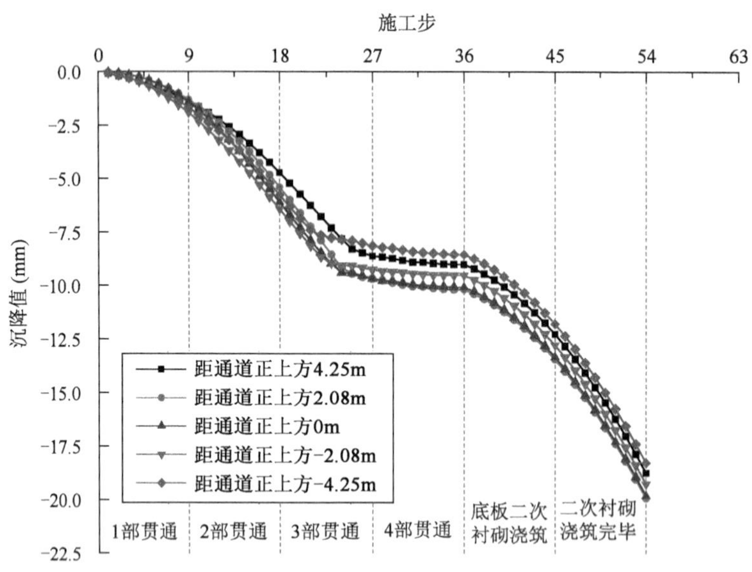

图 4-14 距通道正上方 -4.25 ~ 4.25m 管道顶部监测点沉降历时曲线

图 4-15 和图 4-16 分别为距通道正上方右侧 6.52 ~ 16.55m 和 19.29 ~ 31.2m 共 10 个监测点的管顶沉降历时曲线。各监测点的沉降历时曲线和与中心点对称的各监测点的沉降趋势较为一致,不再赘述。

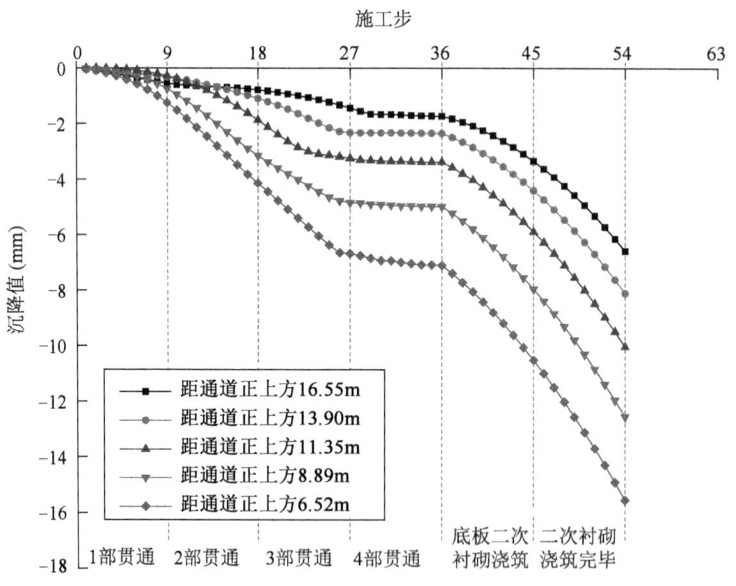

图 4-15 距通道正上方 6.52 ~ 16.55m 管道顶部监测点沉降历时曲线

图 4-15 中距中心点由近至远各监测点最大沉降值分别为 -15.56mm、-12.55mm、-10.04mm、-8.11mm 和 -6.59mm,图 4-16 中距中心点由近至远各监测点最大沉降值分别为 -4.44mm、-3.91mm、-3.70mm、-3.52mm 和 -3.37mm。

通过比较发现，下部与顶部二次衬砌浇筑过程引起的管顶沉降最为明显，其中顶部二次衬砌浇筑过程产生的沉降最大。因此，应当将二次衬砌浇筑过程作为沉降控制的重要过程，以保证施工过程中既有管线的安全。

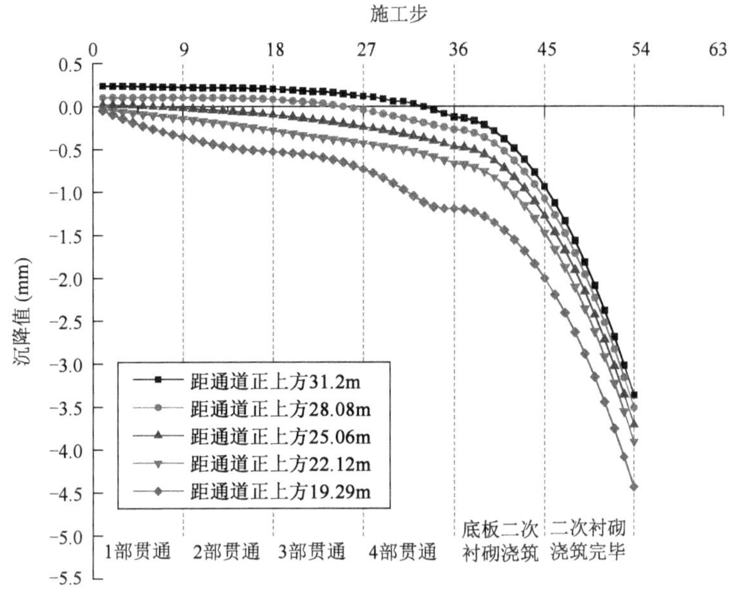

图 4-16　距通道正上方 19.29 ~ 31.2m 管道顶部监测点沉降历时曲线

2）管道整体沉降趋势

既有管道顶部监测点的整体沉降趋势反映了通道开挖后管道的整体变形形态，因此本节在计算中对此加以讨论，各施工阶段管道整体沉降趋势见图 4-17 ~ 图 4-22。计算中取管道顶部监测点为沉降值的研究对象，图中横坐标表示距通道正上方监测点的距离，左侧用负数表示，右侧用正数表示。

图 4-17 为 1 部贯通施工过程中管顶各监测点的沉降值曲线，即管道整体变形趋势。从图中可以看出，在距离通道中心较远的边界监测点的位移为正值，即管道在该范围内出现了抬升的现象，但抬升值较小。管道整体变形形态基本为以通道正上方为轴的对称变形形态，大体上符合正态分布的特点，满足前面章节所述的 Peck 曲线的变化趋势。各阶段的最大沉降值出现在通道正上方左侧 2.08m 位置，1 ~ 9 施工阶段内最大沉降值分别为 -0.08mm、-0.19mm、-0.33mm、-0.49mm、-0.70mm、-0.94mm、-1.23mm、-1.55mm 和 -1.91mm。

由于数值模拟计算属于较为理想条件下的计算，对很多条件进行了简化处理，因此随 1 部贯通施工的各个阶段，管道的变形形态较为类似，相对于前一阶段为沉降值增大，其中距离中心点越近，前后两阶段沉降值的差值越大。由于 1 部位于中心点左侧，因此左侧对称点沉降值相对较大。

图 4-18 为 2 部贯通过程中管顶各监测点的沉降值曲线。与图 4-17 中管顶沉降曲线类似，距离中心点较远的监测点出现了抬升的现象，整体沉降趋势满足正态分布规律，基本上相对于通道正上方监测点对称。各阶段管道变形较为类似，仅仅是各监测点沉降值逐渐增大，且距离中心点越近，前后沉降差值越大。

与图 4-17 相比可以发现,2 部贯通施工引起的管道变形为 1 部贯通施工基础上的延伸与发展,由于 1 部与 2 部均在中心点左侧,因此左侧对称点沉降值略大于右侧。

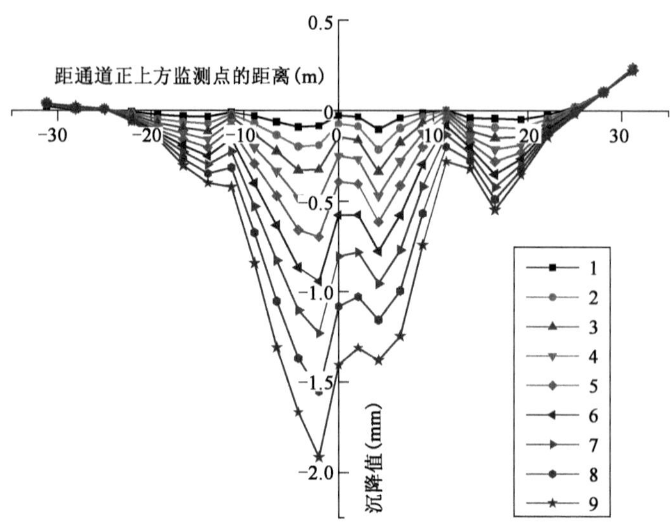

图 4-17　1 部贯通施工过程中管顶各监测点沉降曲线

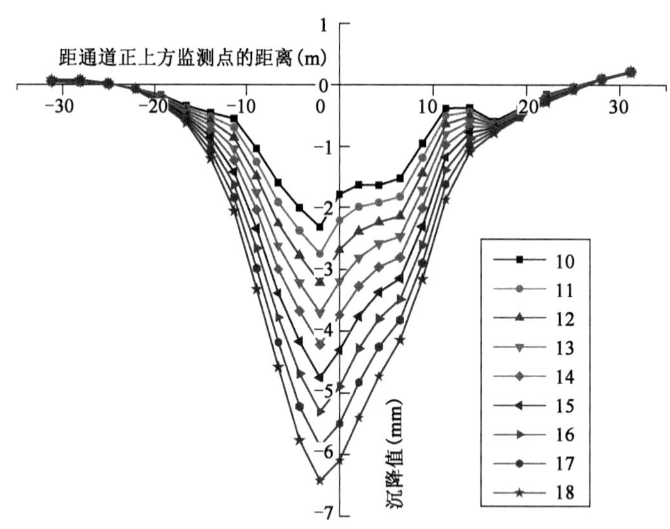

图 4-18　2 部贯通过程中管顶各监测点沉降曲线

10 ~ 18 施工阶段最大沉降值分别为 -2. 31mm、-2. 74mm、-3. 21mm、-3. 70mm、-4. 22mm、-4. 75mm、-5. 30mm、-5. 86mm 和 -6. 42mm。

图 4-19 为 3 部贯通施工过程中管顶各监测点的沉降值曲线。由于 3 部位于开挖断面的右上方,因此在该部开挖过程中,沉降曲线的对称中心逐渐由左侧 2. 08m 处变至右侧 2. 08m。由于 3 部开挖完成后,对管道沉降影响较大的上方两部开挖完成,开挖面较为对称,因此 3 部贯通后沉降曲线较前两个过程更加符合正态分布。在距离中心点较远的位置处,管道依然出现了一定的抬升,由于开挖断面增大,抬升值较前两部施工有所减小。

19～27 施工阶段最大沉降值分别为 -6.99mm(左)、-7.56mm(左)、-8.13mm(左)、-8.65mm(左)、-8.98mm(中)、-9.41mm(中)、-9.46mm(右)、-9.61mm(右)和 -9.69mm(右),括号中左、中、右分别表示最大沉降值与中心点的相对位置关系。

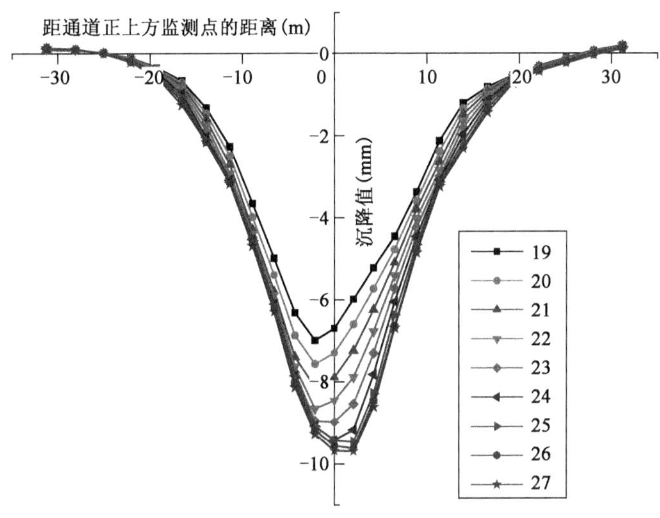

图 4-19　3 部贯通施工过程中管顶各监测点沉降曲线

图 4-20 为 4 部贯通施工过程中管顶各监测点的沉降曲线。4 部贯通使各阶段内沉降曲线的最大值均出现在了通道最上方右侧 2.08m 位置处。由于 4 部贯通施工中,各监测点的沉降速率较小,因此各阶段内沉降曲线沉降值差别不大,仅在通道正上方 8.5m 范围内有一定的差距,由此可见,通道开挖影响较大的范围为通道正上方左、右各 4.25m 范围内。

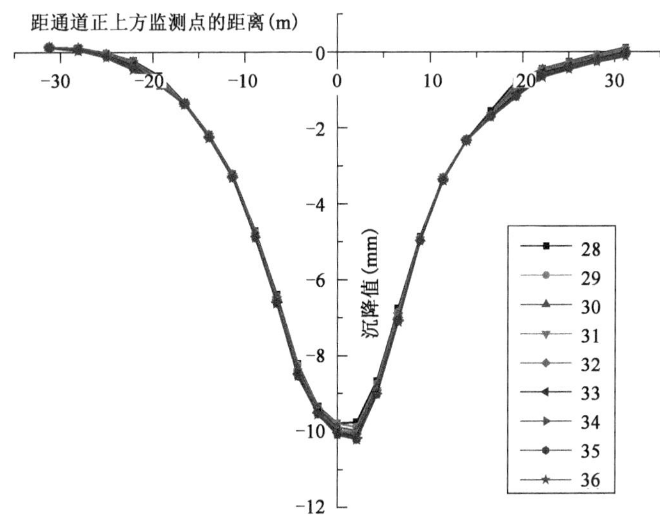

图 4-20　4 部贯通施工过程中管顶各监测点沉降曲线

28～36 施工阶段最大沉降值分别为 -9.78mm、-9.79mm、-9.88mm、-10.05mm、-10.06mm、-10.13mm、-10.17mm、-10.20mm 和 -10.21mm。

图 4-21 为通道下部二次衬砌浇筑过程中管顶各监测点的沉降曲线。由于二次衬砌浇筑之前需要对下层中隔壁进行拆除,进而支模浇筑二次衬砌,在二次衬砌具有一定的强度之前,初期支护会在上部荷载的作用下向下沉降,管道各监测点沉降呈现出一定的整体性。

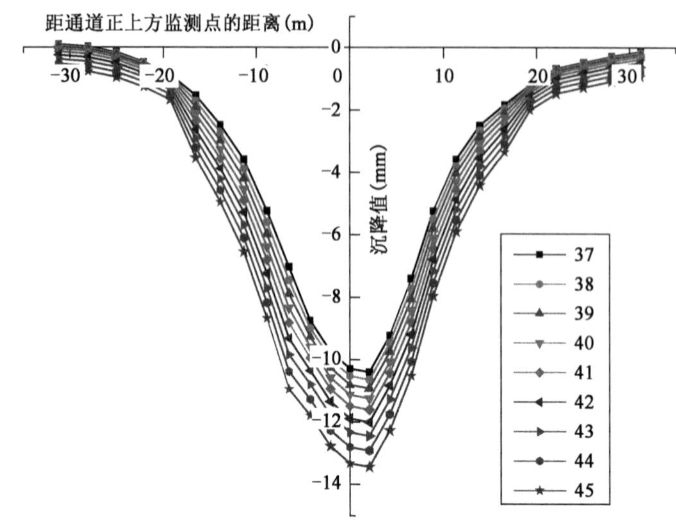

图 4-21　下部二次衬砌浇筑过程中管顶各监测点沉降曲线

从图中可以看出,该阶段内各部施工引起的沉降曲线基本相同,曲线形态与第 4 部贯通较为类似,是从第 4 部贯通之后进一步发展而来,满足正态分布。该阶段监测点均为沉降,未出现前 4 个阶段内距离通道正上方较远处的管道抬升。由此可见,该阶段内管道的沉降主要是在前 4 部贯通施工基础之上的整体沉降变形。

比较各条沉降曲线发现,该阶段内各节点相邻阶段的沉降差值基本相同,但接近通道正上方位置处的监测点沉降差值略有增大。该阶段内,监测点的沉降速率较前几个阶段有较大的增加,应当将该阶段作为沉降控制的重点施工阶段之一,保证既有管线的安全。

37 ~ 45 施工阶段最大沉降值分别为 -10.4mm、-10.6mm、-10.9mm、-11.24mm、-11.60mm、-12.00mm、-12.44mm、-12.92mm 和 -13.44mm。

图 4-22 为通道顶部二次衬砌浇筑过程中管顶各监测点的沉降曲线。顶部二次衬砌浇筑之前需要拆除上部中隔壁,从客观上来说,在二次衬砌混凝土形成一定的强度之前,初期支护结构的支撑强度有所减弱,在上部荷载的作用下会引起上部土体及既有结构的整体沉降。

从图中可以明显看到既有管线的整体沉降趋势,且该阶段内各曲线均满足正态分布,各曲线的趋势较为一致。该阶段内各监测点的沉降速率最大,因此该阶段应作为沉降控制的重点阶段。

46 ~ 54 施工阶段最大沉降值分别为 -14.0mm、-14.6mm、-15.24mm、-15.92mm、-16.64mm、-17.40mm、-18.20mm、-19.04mm 和 -19.92mm。

3)管道斜率

图 4-23 为入口开挖施工过程中上部 LNG300 管道斜率变化曲线。总体上看,随着出入口的开挖,管道斜率呈现线性增大的趋势。斜率历时曲线可以分为两个阶段,初期支护施工为第

一阶段,二次衬砌施工为第二阶段。两阶段历时曲线的斜率基本相同,只是在二次衬砌开始施工,曲线的斜率有所变化。从图4-23可以看出,出入口施工过程中,初期支护与二次衬砌的施工对管道斜率变化的影响是一致的,呈现线性增大的规律。

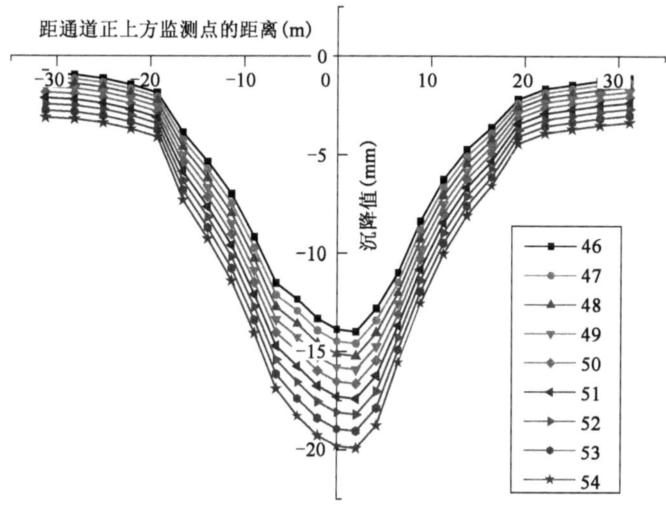

图4-22　顶部二次衬砌浇筑过程中管顶各监测点沉降曲线

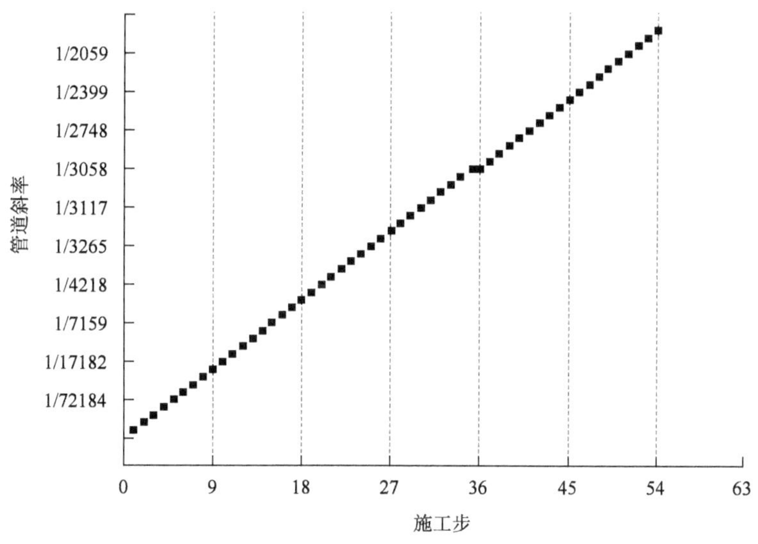

图4-23　管道斜率随施工进度历时曲线

4.3.3　数值模拟结果

通过出入口暗挖通道下穿既有LNG高压液化天然气管线数值模拟计算,对各点沉降值与施工步的变化关系以及管线整体沉降与施工步关系进行分析,可得到如下几点结论:

(1)管线最大沉降出现在通道正上方位置,达到了-19.92mm,远超出带压管道允许的安全工作范围。

(2)新建暗挖通道开挖宽度为6.7m,通过分析发现,管线沉降较为明显的范围约为通道上方两侧各21.5m。

(3)各监测点的沉降历时曲线的趋势有一定差异,主要是距离通道中心22m范围以外的管线监测点出现了一定程度的抬升现象,在其他范围内均为沉降。出现这种趋势的原因在于管道所用材料的刚度很大,中间部分出现较为明显的沉降之后,使得远处管道抬升。

(4)各监测点的沉降历时曲线大致可以分为3部分,即前3部贯通产生的持续沉降、第4部贯通引起的较为缓慢的沉降和二次衬砌浇筑引起管道监测点的显著下沉。

(5)既有LNG管道的总体沉降趋势满足正态分布,符合Peck公式给出的描述。

(6)管线整体沉降曲线随各施工步有所变化,最大沉降点位于导洞开挖侧,并随着开挖导洞的改变而改变。

(7)各部贯通施工引起的沉降主要发生在通道上方两侧各21.5m范围内,此范围之外各监测点的沉降值随施工步的变化差异不大。由于二次衬砌施工需要拆除中隔壁,因此二次衬砌浇筑阶段引起的沉降主要为在前4部施工所产生沉降基础之上的整体沉降。

(8)由于出入口的开挖,引起其上部LNG管道的沉降,导致LNG管道出现一定的斜率。经分析发现,随着施工的进行,上部管道的斜率呈线性增大的趋势。从二次衬砌施工开始,管道斜率的历时曲线的斜率有小的波动,将子斜率历时曲线分为两个阶段,两阶段内斜率的增长速率基本相同。施工结束以后,管道斜率为1/1870。

4.4 本章小结

(1)新建暗挖出入口下穿管线施工,管线沉降较为明显的范围约为开挖断面宽度的3.21倍。

(2)新建暗挖出入口二次衬砌浇筑引起的管道沉降较大,约占最终沉降值的50%。

(3)随着新建暗挖出入口施工过程的进行,上部管道的斜率呈线性增大的趋势。

第5章　地铁风井施工对油气管线安全影响分析

5.1　工程概况

某地铁区间施工区域边线(结构边线外放4m)距高压燃气管线安全保护范围边线5.5m,竖井与高压燃气管壁外缘的最小平面距离为16m,区间风井与管道位置关系剖面图如图5-1所示。

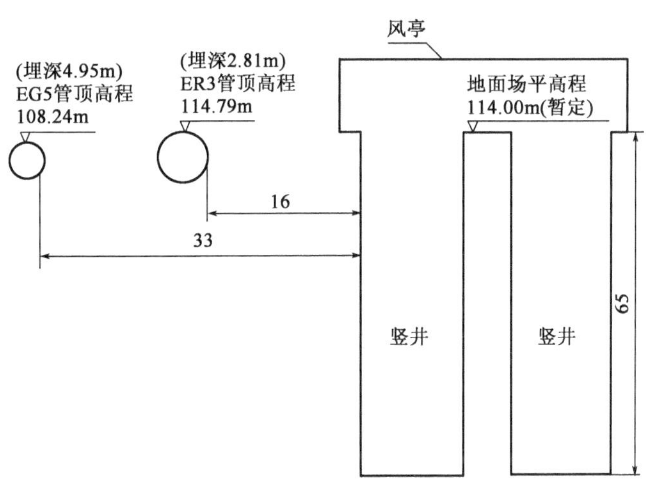

图5-1　区间风井与管道位置关系剖面图(尺寸单位:m)

竖井处开挖至微风化混合岩(地表以下约8m)拟采用静态爆破,高压燃气管处振动速度控制在2.5cm/s以下。

5.2　工程地质条件

根据区域地质资料,拟建场地未穿过断裂带,初勘亦未发现断层构造,拟建场地构造稳定性总体较好。场地揭露的地层主要有第四系全新统人工堆积层(Q_4^{ml})、第四系全新统冲洪积层(Q_4^{al+pl})、第四系残积层(Q^{el})、侏罗系(J_2)角岩。主要地层概述如下:

(1)第四系全新统人工堆积素填土:填土成分复杂,大部分为回填残积土,局部夹碎石、块石和建筑垃圾等,填筑时间少于8年。局部区域回填厚度大(揭露最大厚度约30m),未经过专门的压实处理,仅由运输车辆通过时简单压实。

(2)第四系残积黏性土:由角岩风化残积而成。

(3)侏罗系角岩:角岩,鳞片粒状变晶结构,主要由石英、黑云母等矿物组成,含少量透闪石、绿帘石、方解石等矿物。按风化程度可分为全风化角岩、土状强风化角岩、块状强风化角岩、中等风化角岩、微风化角岩 5 个亚层。

5.3 风井邻近 G 高压天然气管线数值模拟分析

5.3.1 数值模型的建立及参数的确定

1)几何模型的建立及网格划分

根据第 3 章的建模原则,本工程区间风井邻近高压天然气管道、天然气和石油管道模型建立如下:

(1)模型边界按照洞室中心外 3 ~5 倍洞室特征尺寸的原则确定,因此模型尺寸为157.9m × 136.6m × 100m(长 × 宽 × 高)。

(2)模型中的土体采用实体单元模拟,管道和结构墙采用结构单元模拟。

(3)模型中单元的分组严格按照施工过程的需要进行,共分为 8 个组,模型包含实体单元(zone)33048 个,节点(grid point)36100 个,建立的总体模型见图 5-2,区间竖井与既有高压天然气管道以及石油管道的空间位置关系见图 5-3。

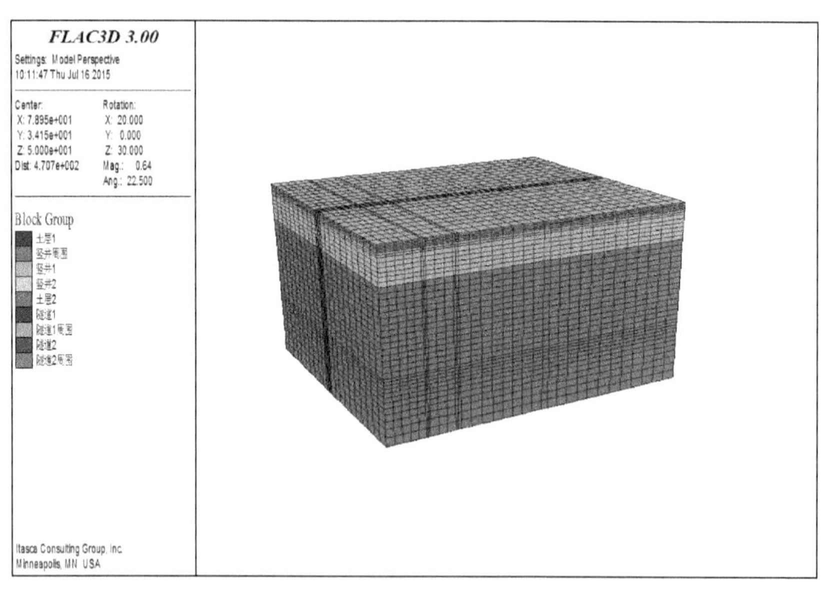

图 5-2 区间竖井与既有高压天然气管道和石油管道模型

2)岩土体及管道材料参数的确定

在综合考虑场地的岩土工程勘察结果和数值模拟的计算需求后,对岩土体的基本参数进行取值。根据地勘报告并结合模型计算需要,将计算范围内土体分为 2 层,各层厚度及物理力学参数见表 5-1。对于 LNG 管道采用弹性模型进行模拟,材料参数见表 5-2。

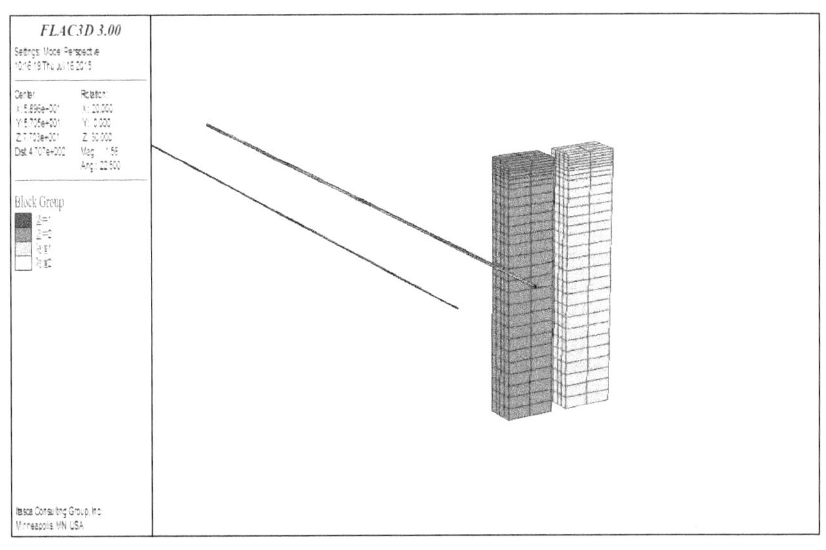

图 5-3 区间竖井与既有高压天然气管道和石油管道空间位置关系

岩土体物理力学参数 表 5-1

岩土层名称	埋深(m)	重度(kN/m³)	弹性模量(MPa)	泊 松 比	黏聚力(kPa)	内摩擦角(°)
素填土	0 ~ −20	1880	26.8	0.322	20.8	19
微风化角岩	−20 ~ −100	2400	188	0.2	80	46.5

LNG 管道及混凝土材料参数 表 5-2

材 料 名 称	密度(kg/m³)	弹性模量(GPa)	泊 松 比
LNG 管道	7850	210	0.29
初期支护混凝土材料	2500	30.0	0.2
二次衬砌混凝土材料	2500	34.5	0.2

5.3.2 数值模拟分析

在对计算结果进行分析时,可分别对高压天然气管道与石油管道进行分析。

1)管道顶部竖向位移

下面分别对竖井范围内高压天然气管道及石油管道管顶监测点的沉降历时曲线进行分析。模拟计算中同时开挖竖井,采用倒挂悬臂法施工步骤进行模拟。在高压天然气管道顶端及石油管道管顶径向 0、20m、40m、60m、80m 、100m、120m 布置监测点,记录区间竖井施工过程中高压燃气管道的沉降历时曲线。图 5-4 是既有高压天然气管道与石油管道在竖井施工开挖过程中,同一位置对应的监测点竖向位移对比图,可以看出,竖井开挖对高压天然气管道的影响较大,但最大隆起值仅为 0.43mm,发生在径向 40m 处,考虑到建模过程中采用两个竖井同时开挖的施工方案,基本认为竖井的开挖对两条既有管线影响较小。

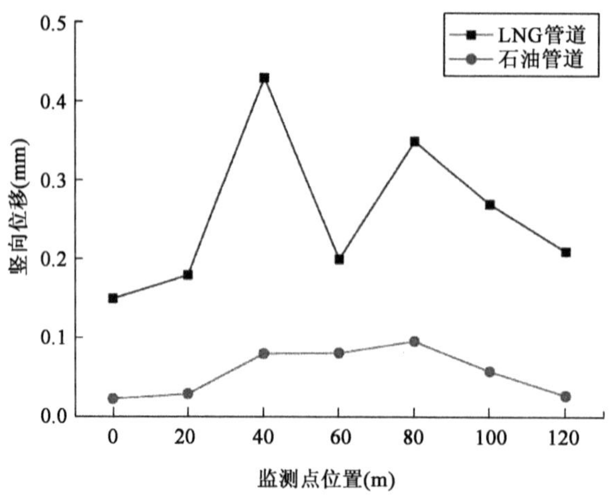

图 5-4　既有高压天然气管道与石油管道管顶监测点竖向位移对比图

2)管道顶部水平位移

图 5-5 是既有高压天然气管道与石油管道在竖井施工开挖过程中,同一位置对应的监测点水平位移对比图,监测点布置与竖向位移监测点位置一致,由图中可以看出,与竖直位移对比图一样,竖井开挖对高压天然气管道的影响较大,但最大水平位移值仅为 0. 37mm,也发生在径向 40m 处,同竖向位移一样,考虑到建模过程中采用两个竖井同时开挖的施工方案,基本认为竖井的开挖对两条既有管线影响较小。

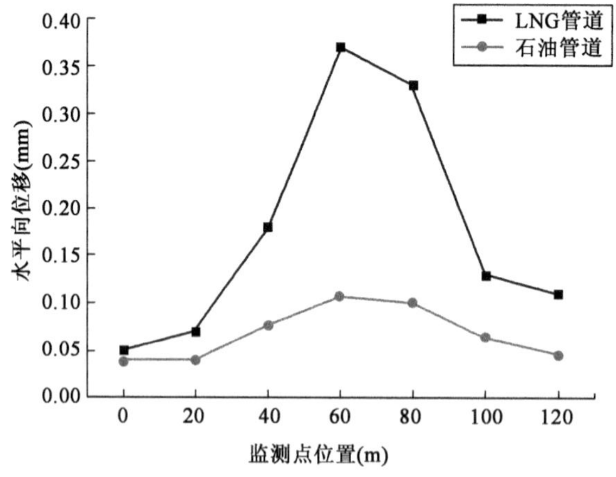

图 5-5　既有高压天然气管道和石油管道管顶监测点水平位移对比图

5.3.3　数值模拟结果

通过对区间竖井邻近既有高压天然气管道和石油管线进行数值模拟计算。对各点沉降值与施工步的变化关系进行分析,可得到以下几点结论:

(1)两个管线发生的竖向位移和水平为均较小,根据 45°原理是符合实际情况的。

(2)管线开始发生的竖向位移速率较大,随着开挖的进行竖向位移逐渐减小。

(3)两条管线随着竖井的开挖均向着竖井方向移动。

(4)竖井开挖采用倒挂悬臂法,采用200mm厚混凝土喷射支护,开挖结束采用结构墙作为永久支护,对既有建(构)筑物沉降控制效果较好。既有高压天然气管道和石油管道在边坡开挖之后的最大竖向位移值分别为-0.43mm、-0.09mm,水平位移分别为0.37mm、0.108mm,满足管线安全运营沉降限值。

5.4 本章小结

(1)竖井开挖时严格控制开挖进尺,尤其是在上层填土中。

(2)在竖井施工中及时进行喷射混凝土支护。

(3)施工过程中应加强对既有管线的沉降监测,特别是邻近竖井的管线。

第6章　地铁车辆段堆载施工对油气管线安全影响分析

6.1　工程概况

某地铁车辆段施工临时道路和主出入口道路均跨越既有燃气管道，其余地段燃气管道从车辆段规划绿地穿过。该管道为 ϕ610mm 的高压燃气管，管道与道路斜交，位于车辆段红线内的管道长度共计为 437m。为保证车辆段施工及运营管道的安全，同时考虑管道检修的需要，需对车辆段红线范围内的管道部分进行防护，本章主要研究施行防护措施后，管道周围的堆载以及路面行车对管道的影响。

车辆段内管道为高压燃气管道，材质为 X65 钢管，规格为 ϕ610mm × 12.7mm，最大允许变形量为 1cm，埋深为 2m 左右，管道直接埋设在原土。

为保证车辆段沉降稳定，需先进行堆载，待沉降稳定后方可进行开挖作业，本章采用数值模拟法分析堆土荷载对管道的安全影响。

6.2　管道周边堆载和行车对管道的影响

6.2.1　计算模型

为了研究管道周边堆载及上部行车对管道的影响，建立 FLAC2D 二维计算模型进行模拟。计算模型为以管道位置为中心，左右各延伸 50m，即模型长度为 100m，模型深度为 50m，管道内径为 600mm，外径为 620mm，管顶距地面 4.0m，管底距地面 3.39m。图 6-1 为计算模型示意图。

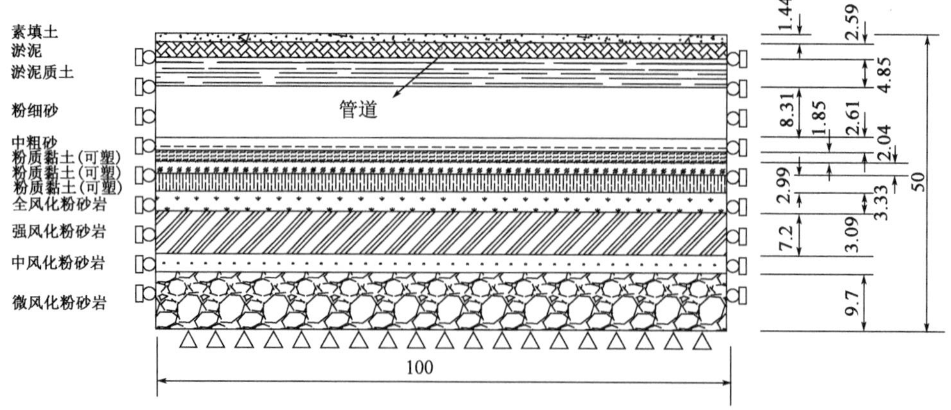

图 6-1　计算模型示意图(尺寸单位:m)

6.2.2 计算参数

模型区域以淤泥质土和黏土为主，管道所在地层主要为填土、淤泥及淤泥质土三种地层，根据地质资料，各岩土层物理力学参数见表6-1。

各岩土层物理力学参数　　表6-1

岩土名称	天然密度 ρ_0(g/cm^3)	弹性模量 E(MPa)	泊松比 ν	黏聚力 c(kPa)	内摩擦角 φ(°)	体积模量 K(MPa)	剪切模量 G(MPa)	抗拉强度 f_t(kPa)
素填土	1.90	10.4	0.359	12	8.5	12.362	3.834	80
淤泥	1.63	8.9	0.308	5.6	3.7	7.7783	3.418	87
淤泥质土	1.72	9.4	0.325	8.3	5.1	8.9768	3.557	93
淤泥质粉细砂	1.83	10.0	0.310	2.0	26.0	8.8073	3.832	4
淤泥质中粗砂	1.85	10.2	0.320	0.0	27.5	9.3981	3.845	0
粉质黏土(可塑)	1.90	10.4	0.300	28.0	18.0	8.6869	4.009	86
粉质黏土(可塑)	1.89	10.4	0.310	28.5	18.0	9.096	3.958	88
粉质黏土(硬塑)	1.99	10.9	0.320	33.6	17.3	10.126	4.143	108
全风化粉砂岩	2.00	11.0	0.230	40.0	20.5	6.7633	4.454	107
强风化粉砂岩	2.00	11.0	0.250	50.0	30.0	7.3288	4.397	87
中风化粉砂岩	2.53	12.00	0.27	52.00	32.00	8.6957	4.724	83
中风化粗砂岩	2.56	12.00	0.27	52.00	32.00	8.6957	4.724	83
微风化粉砂岩	2.59	13.00	0.29	55.00	34.00	10.317	5.039	82
微风化粗砂岩	2.59	13.00	0.29	55.00	34.00	10.317	5.039	82

6.2.3 管道周边堆载对管道的影响

研究堆载对管道影响的模型如图6-2所示，堆载高度为4m，堆载长度为45m，堆载土为素填土，坡脚与管道最小距离为8.5m，堆载坡度为1∶1.5。

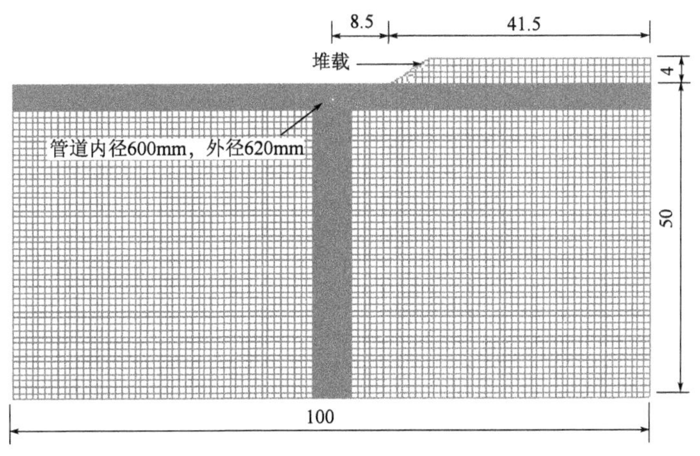

图6 2　堆载模型(尺寸单位：m)

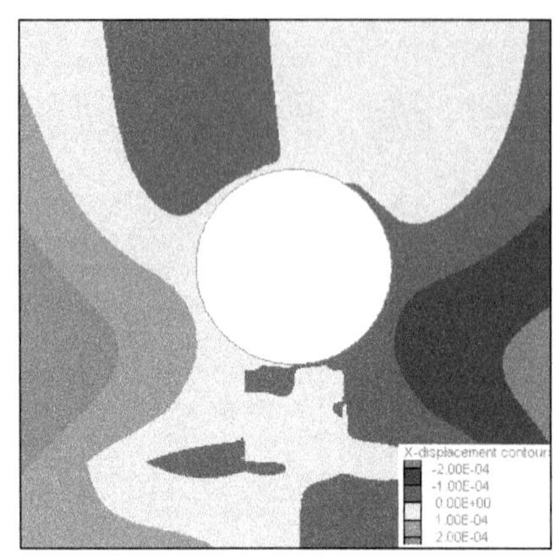

图 6-3　管道周边位移云图

从堆载对管线的影响来看，主要表现为堆载引起土体应力重新分布导致的管道变形，因此论证施工对管道影响时，主要从位移变形进行分析。

图 6-3 为模型在 X 方向的位移情况，可以看出，管道周围土体位移较大，达到 2.5cm，管道基本无水平位移；而由图 6-4 可以看出，最大位移值仅为 0.2mm，整体向模型左侧移动，即远离堆载方向，但垂直方向最大位移约为 1mm。从图 6-5 的位移矢量图中也可以看出，管道的主要位移方向是向下，可能是由于管道所处土层为淤泥质土，土的黏聚力和抗拉强度都很小，所以管道没有产生很大的水平位移。

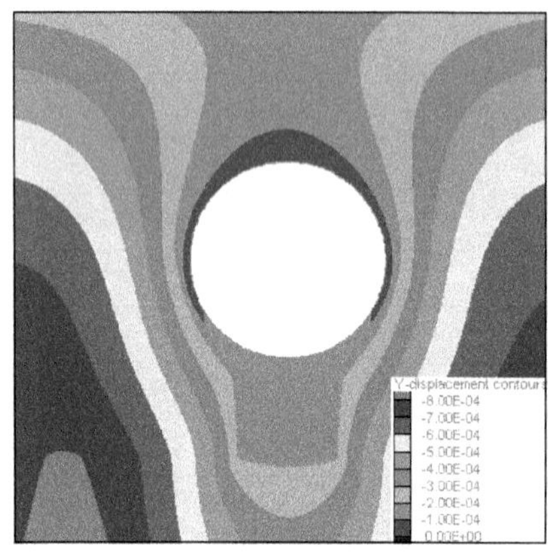

图 6-4　管道周边垂直位移云图

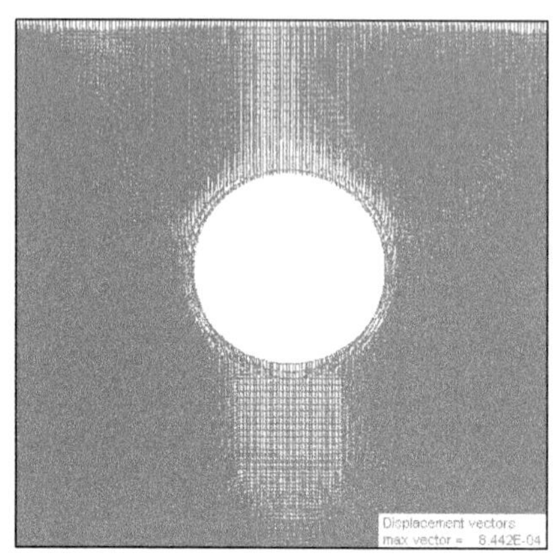

图 6-5　位移矢量云图

图 6-6 和图 6-7 为在堆载条件下管道周边的应力情况，可以看出，管道周边土体所受应力很小，小于 0.1MPa，不会对管道安全造成影响。

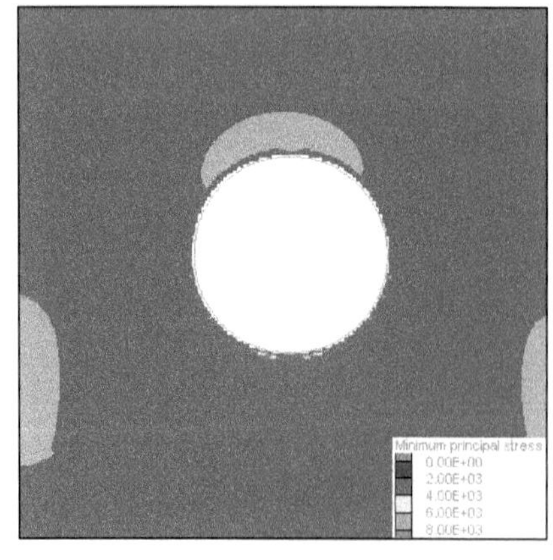

图 6-6　管道周边最大主应力云图

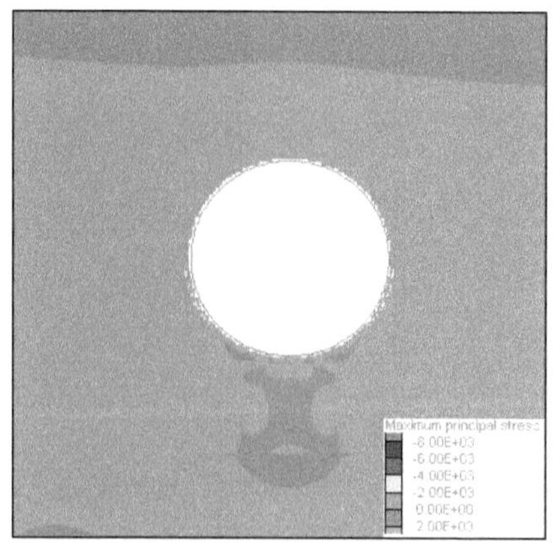

图 6-7　管道周边最小主应力云图

堆载过程结束后还要进行卸载,卸载土层高度为2m,以使管道承受的压力降低。卸载后模拟结果表明,管道的位移进一步发展,水平位移扩大为0.1mm,垂直位移最大值达到1.6mm,如图6-8和图6-9所示。这可能是在堆载阶段土体积蓄的应力进一步释放的结果,与卸载过程本身无太大关系。

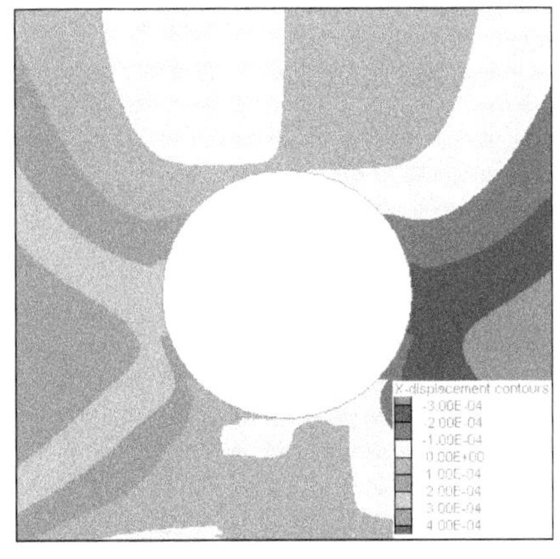

图6-8 管道周边水平位移云图

图6-9 管道周边垂直位移云图

图6-10和图6-11为卸载后管道周边的应力情况,可以看出其应力情况与卸载前并无太大差别。

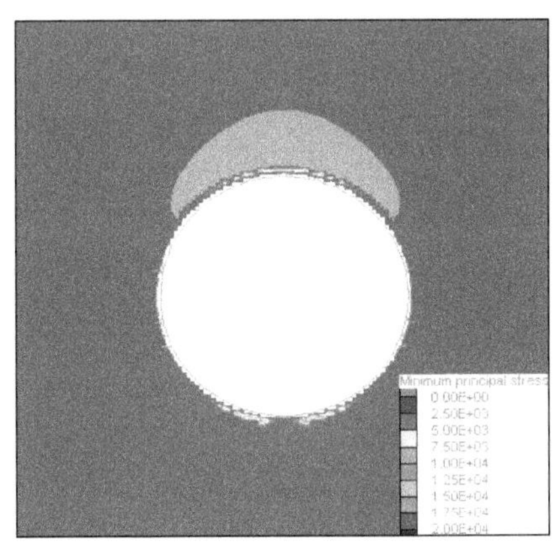

图6-10 管道周边最大主应力云图

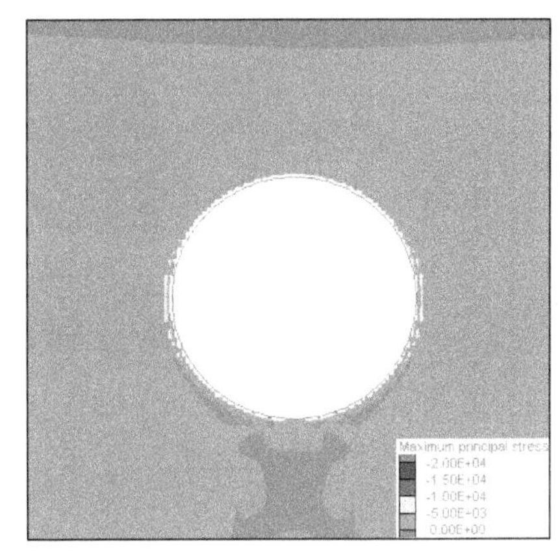

图6-11 管道周边最小主应力云图

为了更清晰地看出卸载前后管道位移的变化情况,在管道上分别取了上、下、左、右4个顶点,以对加卸载前后位移的变化进行比较,见表6-2和图6-12。卸载后位移值有较大变化,认为主要是土体在堆载时积蓄的应力进一步释放造成的,最大位移为6.5mm,小于管道的极限位移值10mm。

各监测点卸载前后位移 表6-2

监测点位置	卸载前位移(mm)	卸载后位移(mm)
上	2.488	6.096
左	0.2154	0.2781
下	2.966	6.575
右	0.2591	0.4955

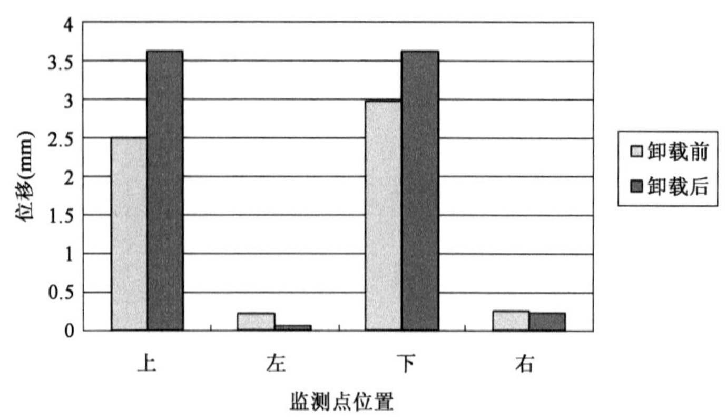

图 6-12　各监测点卸载前后位移

6.2.4　管道上方行车对管道的影响

为研究管道上部行车对管道的影响，建立模型，如图 6-13 所示。

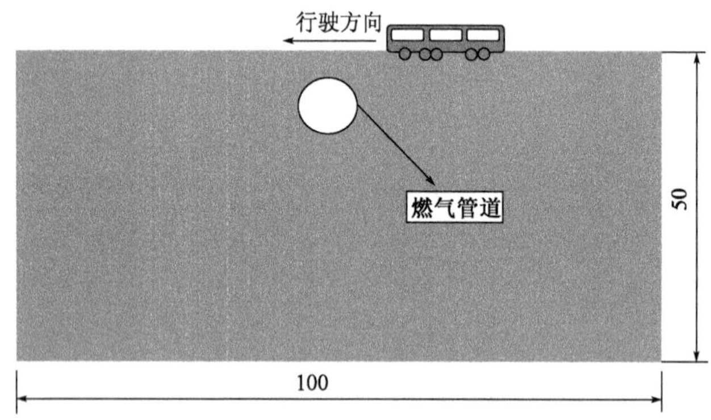

图 6-13　上部行车计算模型(尺寸单位:m)

根据《公路桥涵设计通用规范》(JTG　D60—2015)相关规定，车载的立面、平面布置如图 6-14所示，具体车载参数见表 6-3。

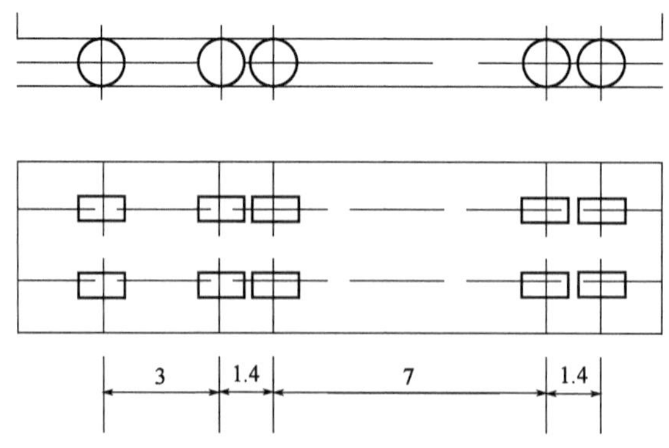

图 6-14　车载立面图和平面图(尺寸单位:m)

车载参数　　表 6-3

项　　目	单位	技术指标	项　　目	单位	技术指标
车辆重力标准值	kN	550	轮距	m	1.8
前轴重力标准值	kN	30	前轮着地宽度及长度	m	0.3×0.2
中轴重力标准值	kN	2×120	中、后轮着地宽度及长度	m	0.6×0.2
后轴重力标准值	kN	2×140	车辆外形尺寸(长×宽)	m	15×2.5
轴距	m	3+1.4+7+1.4			

但由于计算中网格密度有限，于是将车较近的两个中轴和后轴分别简化为一个轴，即在模型上作用三个集中力，大小分别为30kN、240kN 和 280kN。又因为车在管道上方不断运动，选取了三种位置情况进行计算，即工况 1、工况 2 和工况 3。

(1)工况 1 车在行驶至管道上方前，临界情况为车的前轴刚好到达管道右壁，如图 6-15 所示。

经过数值计算可得，管道在车载作用下的位移情况如图 6-16～图 6-18 所示，可以看出，上部行车对模型的影响不大，车载部位土体下沉量较大，管道周边最大水平位移值为 0.3mm，管道周边最大垂直位移值为 1mm。

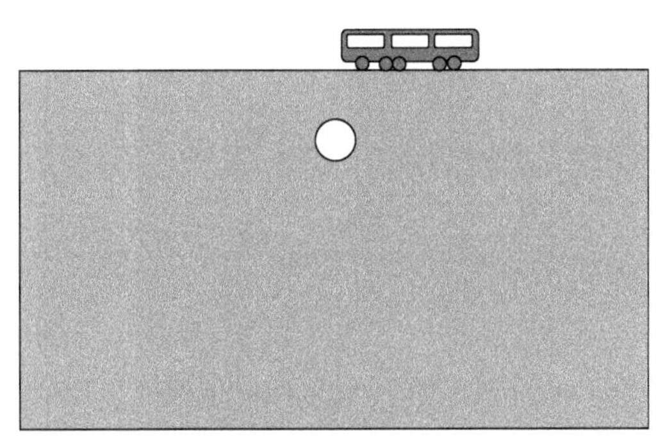

图 6-15　工况 1 计算车载位置示意图

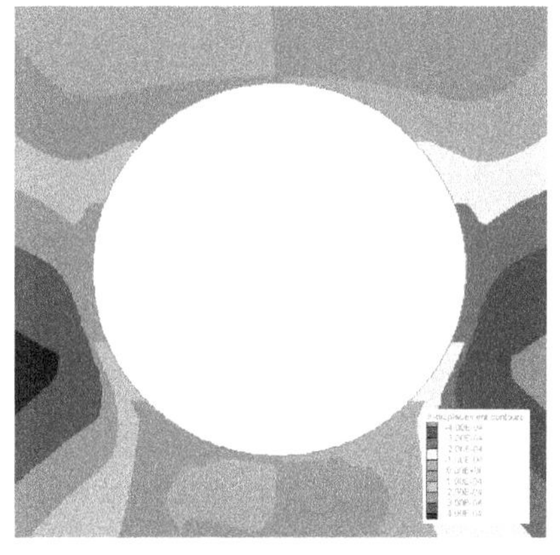

图 6-16　管道周边水平位移云图

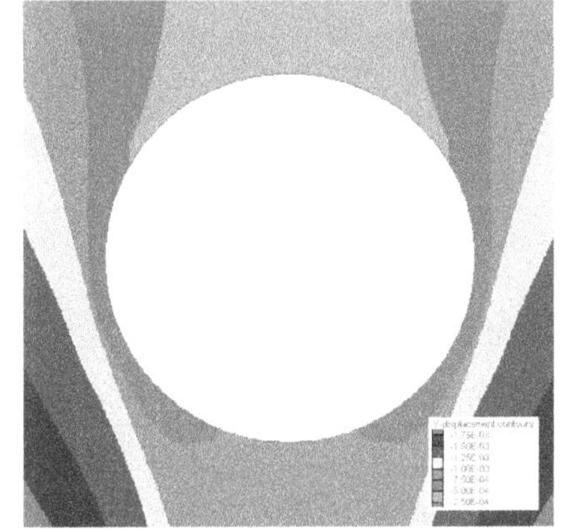

图 6-17　管道周边垂直位移云图

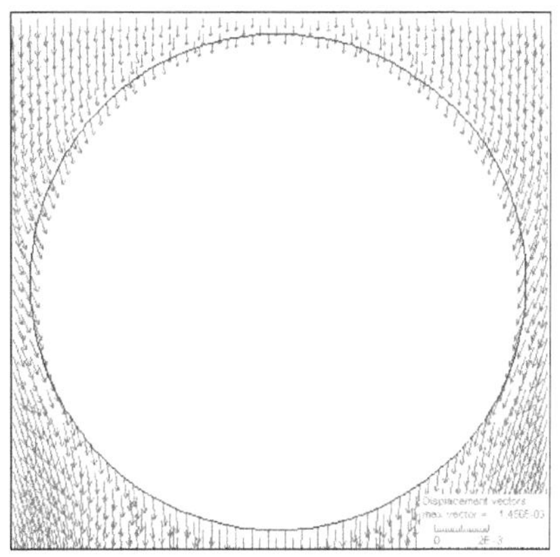

图 6-18　位移矢量云图

经过数值计算可得，管道在车载工况 1 下的受力情况如图 6-19 和图 6-20 所示，管道周围受力较小,不会对管道造成破坏。

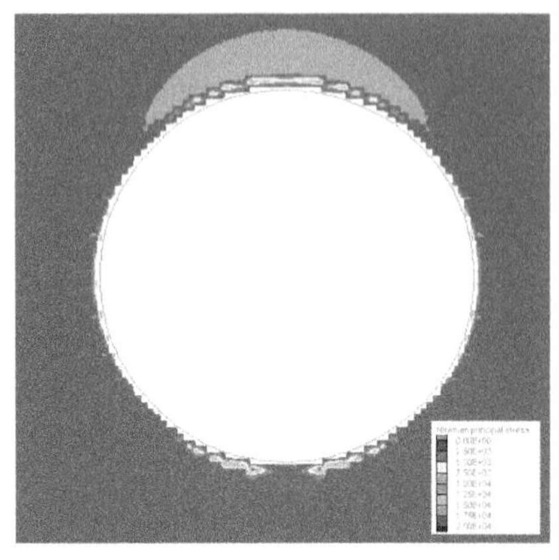

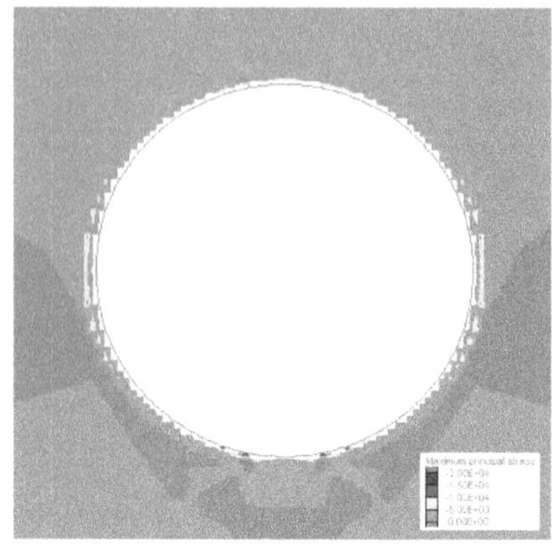

图 6-19　管道周边最大主应力云图

图 6-20　管道周边最小主应力云图

(2)工况 2 车正好行驶至管道上方时,临界情况为车的中轴刚好落在管道中心,如图 6-21 所示。

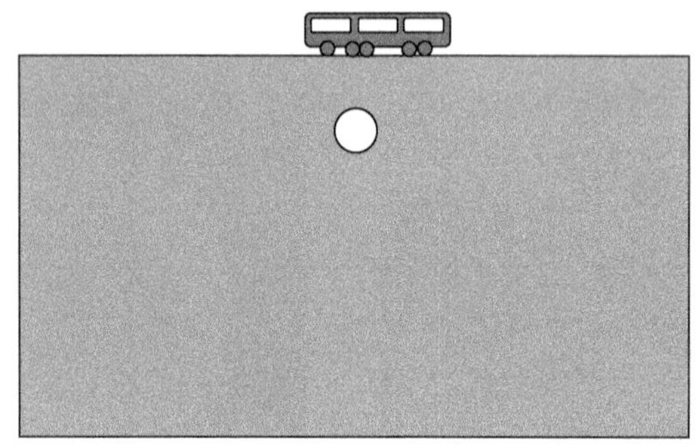

图 6-21　工况 2 计算车载位置示意图

经过计算可得,管道在车载作用下的位移情况如图 6-22 ~ 图 6-24 所示,管道在水平向无较大位移,仅为 0.2mm,垂直方向最大位移为 1mm。

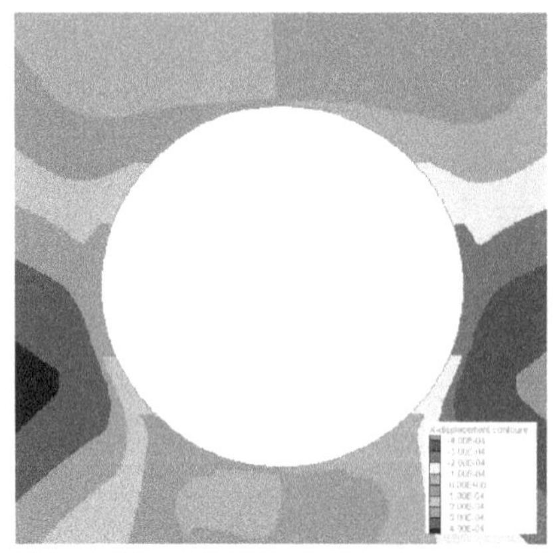

图 6-22　管道周边水平位移云图

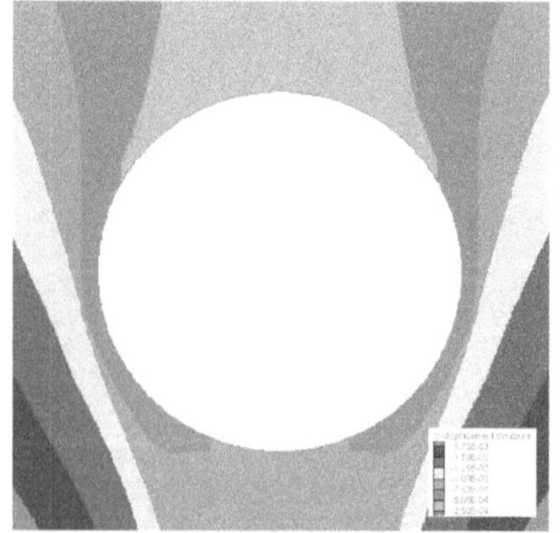

图 6-23　管道周边垂直位移云图

经过数值计算可得,管道在车载工况 2 下的受力情况如图 6-25 和图 6-26 所示,可以看出,车载的移动对整个模型的受力情况未产生太大的影响。

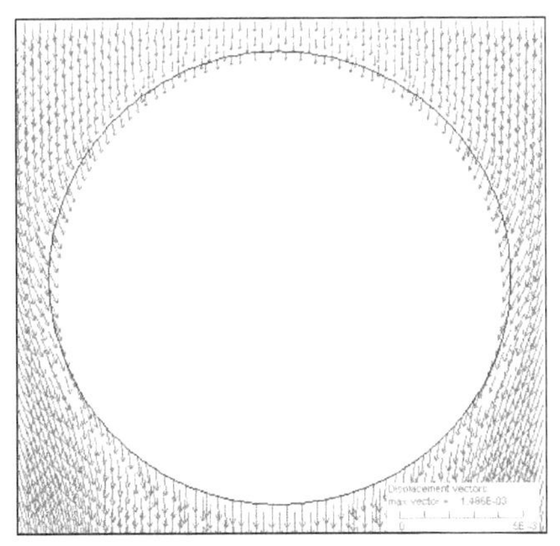

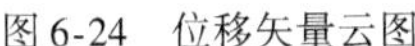

图6-24 位移矢量云图

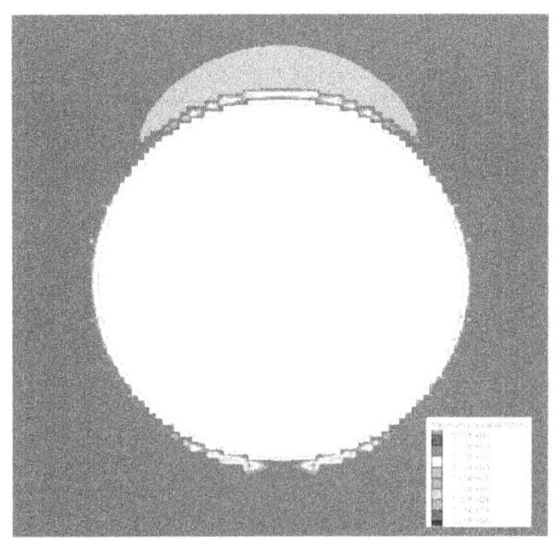

图6-25 管道周边最大主应力云图

(3)工况3车在管道后方行驶,临界情况为车的后轴刚好离开管道左壁,如图6-27所示。

经过计算可得,管道在车载作用下的位移情况如图6-28～图6-30所示,位移均没有产生太大变化。

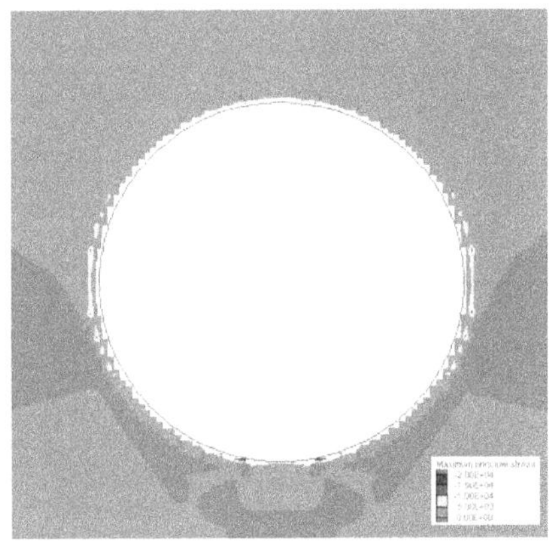

图6-26 管道周边最小主应力云图

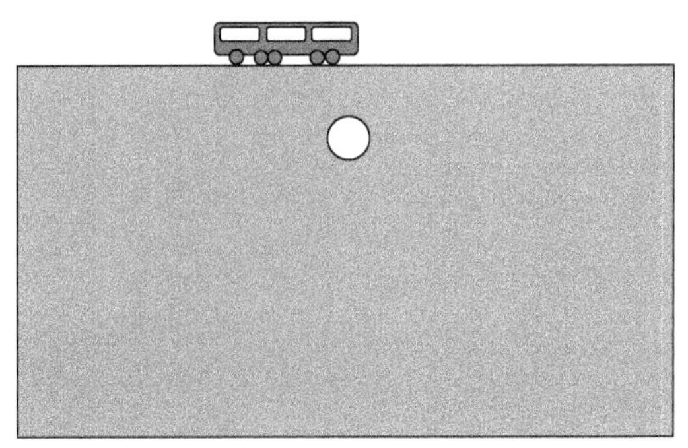

图6-27 工况3计算车载位置示意图

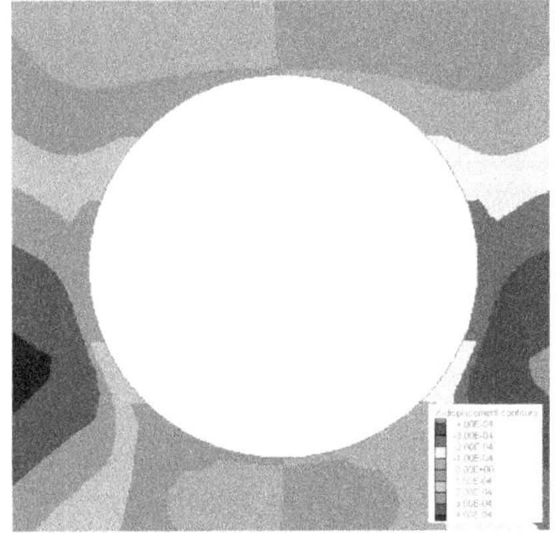

图6-28 管道周边水平位移云图

图6-29 管道周边垂直位移云图

管道在车载工况 3 下的受力情况如图 6-31 和图 6-32 所示,可以看出,车载的移动对整个模型的受力情况未产生太大的影响,应力也未发生太大变化。

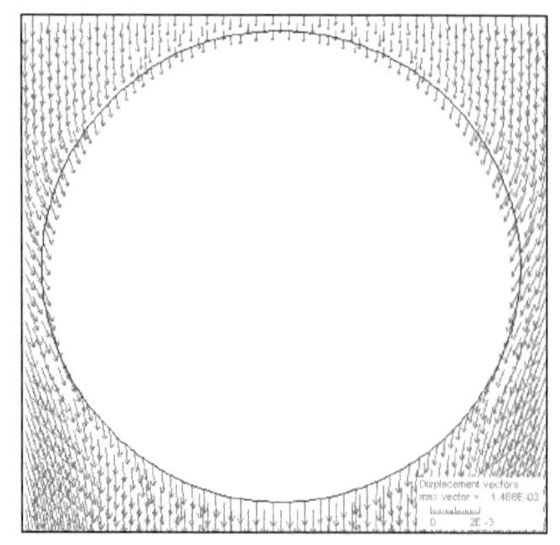

图 6-30　位移矢量云图

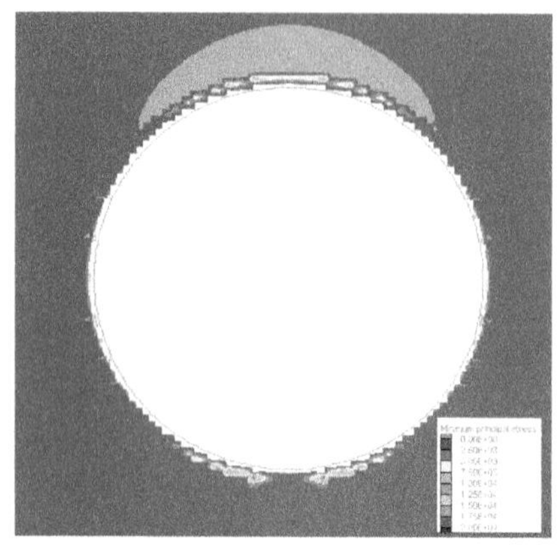

图 6-31　管道周边最大主应力云图

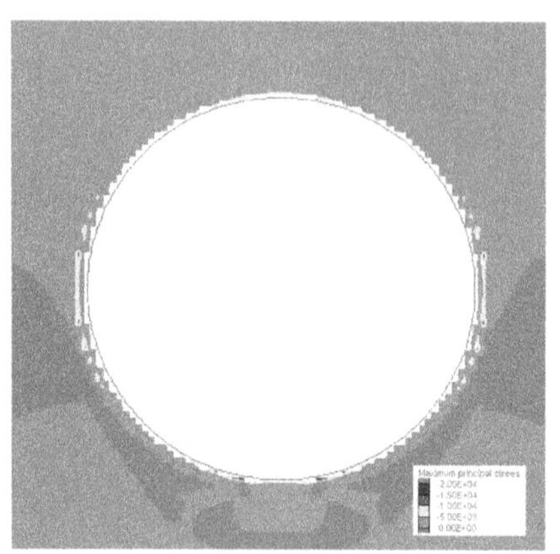

图 6-32　管道周边最小主应力云图

6.3　本章小结

本章针对施工临时道路和主出入口道路车辆载荷以及邻区堆卸载状况,采用数值分析和工程类比方法,对不同荷载条件和防护工程施工过程中管道的位移情况进行了系统的计算分析,得出以下主要结论:

(1)堆卸载情况

在堆载条件下,由于所加防护的作用,管道水平位移很小,垂直位移最大为 3mm,卸载后管道周围土体会继续发生一些变形,管道继续下沉,稳定后下沉总量为 6.5mm,小于 10mm,管道稳定。从受力情况来看,管道周围应力较小,不会因施工引起管道破坏。

(2)车载情况

模拟了3种工况下车辆通过管道上方地面时管道的受力位移情况,由模拟结果可以看出,车辆通过道路时管道受到的影响甚小,水平位移不超过0.3mm,垂直位移最大为1mm,说明车载对管道稳定性影响不大。

第7章　停车场爆破施工对油气管线安全影响分析

7.1　工程概况

某地铁工程因场地限制,需爆破施工进行停车场建设,停车场南部220m范围内均为空地,其他部分均为厂房及简易的房屋。地势呈东高西低,高程约为32.04~39.6m。场地南侧与GS高速公路间有一条地下LNG燃气管线通过,该管线从西向东沿停车场南侧红线外铺设,在停车场周边的长度约为900m,埋深约为2m,管道材质为焊接钢管,内部天然气压力约为9.2MPa。

7.2　爆破机理

7.2.1　冲击荷载作用下岩石受力分析

1)爆破冲击波引起的动应力

炸药在岩体中爆炸瞬间,装药周围的岩体介质受到爆炸冲击波的动荷载冲击作用产生动应力,引起动应变。吴立等根据弹性动力学理论,并利用虎克定律得到炸药在半径为 r_b 的炮孔中爆炸后,爆炸冲击波在岩体中产生的动应力表达式为:

$$\sigma_{rd} = \frac{E}{C_p(1+\nu)(1-2\nu)}\left[1+(1-2\nu)\frac{r_b^2}{r^2}\right]\left(\frac{\partial u}{\partial r}\right)_r \tag{7-1}$$

$$\sigma_{\theta d} = \frac{E}{C_p(1+\nu)(1-2\nu)}\left[1-(1-2\nu)\frac{r_b^2}{r^2}\right]\left(\frac{\partial u}{\partial r}\right)_r \tag{7-2}$$

$$\tau_d = \frac{\sigma_{rd}-\sigma_{\theta d}}{2} = \frac{E}{C_p(1+\nu)}\cdot\frac{r_b^2}{r^2}\left(\frac{\partial u}{\partial r}\right)_r \tag{7-3}$$

式中:ν——岩体的泊松比;

σ_{rd}——径向动应力(Pa);

$\sigma_{\theta d}$——切向动应力(Pa);

τ_d——动态剪应力(Pa);

$\left(\frac{\partial u}{\partial r}\right)_r$——$r$ 处岩体质点的冲击速度(m/s)。

2)爆破对周围岩体的作用力

炸药在岩体中爆炸的瞬间,爆轰波和高温高压的爆生气体产物撞击孔壁在炮孔周围岩石中激起径向传播的爆炸冲击波。爆炸冲击波对装药周围的岩体介质产生强烈的冲击压缩作用,使岩体介质呈可压缩的流体状态。

冲击波波阵面上岩石介质状态阐述满足质量守恒定律、动量守恒定律和能量守恒定律,可建立岩体中冲击波的三个基本方程:

$$\rho_m D_m = \rho_s (D_m - V_s) \tag{7-4}$$

$$P_s = \rho_m D_m V_s \tag{7-5}$$

$$\Delta W_1 = \frac{1}{2} P_s \left(\frac{1}{\rho_m} - \frac{1}{\rho_s} \right) \tag{7-6}$$

式中:ρ_m——岩体的初始密度(kg/m^3);

ρ_s——冲击波波阵面上的岩体密度(kg/m^3);

D_m——岩体中的冲击波速度(m/s);

V_s——冲击波波阵面上的质点速度(m/s);

P_s——冲击波波阵面上的峰值压力(Pa);

ΔW_1——单位质量的内能变化(J)。

高温高压下岩体的状态方程可用下式来描述:

$$P_s = B(\bar{\rho}^n - 1) \tag{7-7}$$

式中:$\bar{\rho}$——压缩比,$\bar{\rho} = \frac{\rho_s}{\rho_m}$;

n——定压比热与定容比热之比,对于岩石一般取 $n = 3 \sim 4$;

B——参数,对于冲击波,可以认为它是常数,$B = \frac{1}{n}\rho_m C_P^2$,$C_P^2$ 为岩体的纵波波速。

炸药在炮孔孔壁处所产生的投射压力,可以用下式近似求得:

$$P_1 = \frac{2\rho_m C_P}{\rho_e D_e + \rho_m C_P} P_H = \frac{1}{8}\rho_e D_e^2 \cdot \frac{2\rho_m C_P}{\rho_e D_e + \rho_m C_P} \tag{7-8}$$

式中:P_1——投射压力(Pa);

P_H——炸药的爆轰压力(Pa);

D_e——炸药爆破速度(m/s);

ρ_e——炸药密度(kg/m^3)。

在爆炸冲击波作用范围内,岩体近似呈流体状。根据强爆炸问题的量纲分析,有:

$$r = \left(\frac{\xi}{\rho_m} \right)^{1/4} \sqrt{t} \tag{7-9}$$

$$D_m = \frac{1}{2\sqrt{t}} \left(\frac{\xi}{\rho_m} \right)^{1/4} \tag{7-10}$$

式中：r——冲击波作用半径(m)；

t——与 r 相对应的时间(s)；

ξ——与装药能量相关的常数。

由式(7-9)和式(7-10)可求得：

$$D_{\mathrm{m}} = \frac{1}{2r}\sqrt{\frac{\xi}{\rho_{\mathrm{m}}}} \tag{7-11}$$

$$P_{\mathrm{s}} = D_{\mathrm{m}}^{2}\rho_{\mathrm{m}}\left(1 - \frac{1}{\bar{\rho}}\right) \tag{7-12}$$

其中，$\bar{\rho} = \left(1 + \frac{P_{\mathrm{s}}}{B}\right)^{1/4}$。

若炮孔半径为 r_{b}，则在孔壁处 $r = r_{\mathrm{b}}$，$P_{\mathrm{s}} = P_1$，有：

$$P_1 = \frac{\bar{\xi}}{4}\left[1 - \left(\frac{B}{B + P_1}\right)^{1/4}\right] \tag{7-13}$$

其中，$\bar{\xi} = \frac{\xi}{r_{\mathrm{b}}^{2}}$。

联立式(1-9)和式(1-12)可求出 $\bar{\xi}$，进而由式(1-11)可求得孔壁处的冲击波波速，并由以上相应公式可分别求出孔壁处的冲击波压力、质点速度。

7.2.2 爆破对裂隙岩体的作用机理分析

1)岩体结构面对爆破的作用

被结构面切割的岩块称为结构面，结构面就是岩体内存在的各种弱面。研究裂隙岩体的爆破作用，应首先研究岩体结构面对爆破的作用或影响。结构面在爆破过程中主要有以下几个作用：

(1)应力集中作用：裂隙岩体为非连续介质，在爆炸应力作用下，岩体首先从强度最低的弱面裂开，在裂开的过程中，裂隙尖端产生应力集中现象。

(2)应力波反射增强作用：即结构面形成的薄弱面，其密度、弹性模量和纵波传播速度均比岩体的数值小。因此，当应力波到达两种介质分界面时，发生反射。反射强度与薄弱面和岩体的波阻抗差值有关，差值越大，反射波越强。

(3)能量吸收作用：结构面的反射、散射作用和压缩变形与破裂吸收能量，使应力波能量减弱。

(4)泄能作用：当薄弱面穿过爆源，通向临空或通向岩体爆破作用范围内的溶洞等时，爆炸气体可以从这些通道喷出。

(5)楔裂作用：由于高压、高温气体的膨胀，高速沿弱面侵入岩体，使岩体被楔裂。

2)爆生气体作用及贯通裂隙形成条件

在应力波过后，爆生气体产生准静态应力场，并楔入空腔壁上已张开的裂隙中，在裂隙尖端产生应力集中，使裂隙进一步扩展。在裂隙扩展过程中，爆生气体首先进入张开宽度大、较平直、对气体楔入阻力小的大裂隙中，然后再进入与之沟通的小裂隙中，直到爆生气体压力降到不足以使裂隙继续扩展为止。爆生气体在煤体内产生的准静态应力可认为随距炮孔中心距离的增加而衰减,在煤体内存在爆生气体应力梯度。因而,爆破裂隙始终向着远离炮孔方向发展。在爆破孔轴向方向,若存在压力梯度,裂隙也会沿着轴向扩展。总之,裂隙在爆生气体压力驱动下,始终朝着压力(或应力)低的方向扩展。为简化分析,首先分析炮孔周围裂隙的扩展情况。假设煤体为线弹性体,孔壁承受准静态压力作用,故可用线弹性断裂力学进行描述。

由线性断裂力学可知,在孔内压力作用下裂隙尖端的应力强度因子为:

$$K_r = \sqrt{\pi L}\left[\left(1 - \frac{2}{\pi}\right)P_m - \sigma\right] \tag{7-14}$$

式中:L——裂隙扩展瞬间长度(m);

P_m——孔壁压力(Pa);

σ——地应力(Pa)。

由式(7-14)可以看出,随着地应力 σ 的增大,应力强度因子 K_r 呈现线性下降趋势。在距爆破孔中心较远的位置,爆生气体准静态压力已大大降低,K_r 也大大减小,当 K_r 衰减到一定值时,爆破裂隙将停止扩展。

裂隙失稳扩展条件为:

$$K_r \geqslant K_{rd} \tag{7-15}$$

式中:K_{rd}——动态断裂韧性($N/m^{\frac{3}{2}}$)。

岩石的动态断裂韧性可由其静态断裂韧性求得,即:

$$K_{rd} = 1.6K_{rc} \tag{7-16}$$

式中:K_{rc}——静态断裂韧性($N/m^{\frac{3}{2}}$)。

综合上述分析可得,孔间形成贯通裂隙的条件是:

$$L \geqslant \frac{0.815K_{rc}}{\left[\left(1 - \frac{2}{\pi}\right)P_m - \sigma\right]^2} \tag{7-17}$$

所以,爆破孔与控制孔间距 L_k 应满足下列条件:

$$L_k \leqslant L \tag{7-18}$$

7.3　数值模拟分析

7.3.1　爆破开挖方案

场地的开挖整平采用爆破施工的方法,总体方案为:根据地形条件,爆破施工从东向西推进,由北向南逐步靠近管线。这样做的优点是,最小抵抗线方向可指向北边,远离管线,尽量减小对管线的影响。

爆破时台阶高度为4~5m,以4m居多,且相邻地段变化不大,基本是半路堑开挖,岩性多为碎粒状花岗岩,在方案设计中视为软岩和硬土类。方案中的孔深与爆破深度为整个场地松动爆破的参考值,在不同的地方,根据岩性条件,可作适当的调整。

由于现场没有提供计算爆破安全距离公式中 k 和 α 的值,所以在数值模拟中,安全距离采用试算的方法计算。网格划分见图7-1和图7-2。

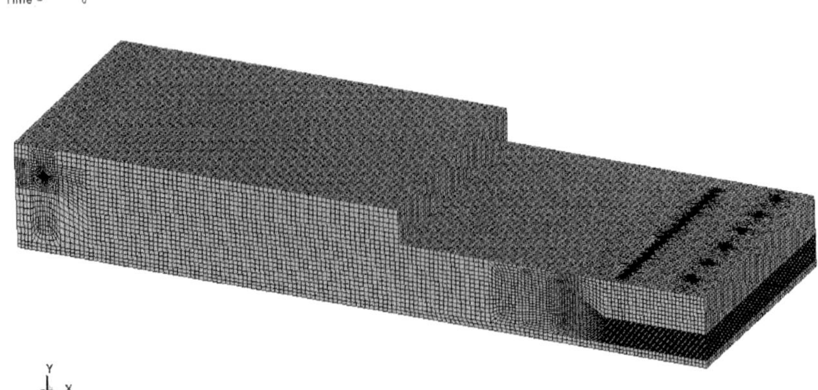

图 7-1　网格划分

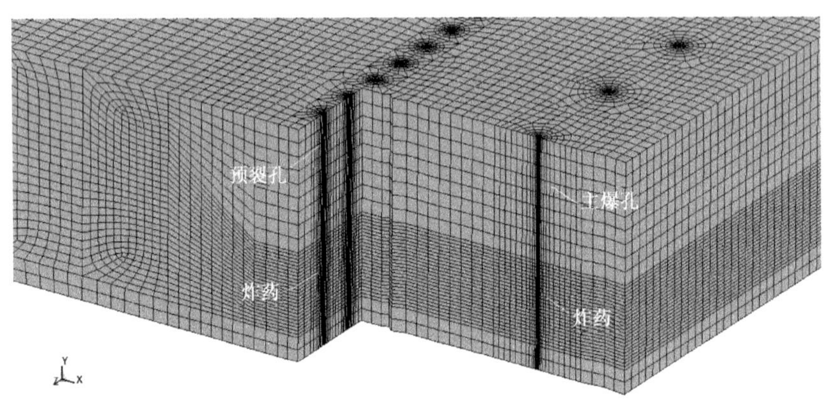

图 7-2　预裂孔和主爆孔的网格划分剖面图

7.3.2　数值模型的建立及参数的确定

1)数值模型几何参数的确定

停车场的开挖设计高程为 31.88m,根据地形图及停车场圈定的开挖范围,将高程大于 31.88m 的区域作为爆破开挖范围。再根据停车场岩土工程勘察报告中的土石可挖性分级,确定需要爆破开挖的岩土层,对于不需要爆破即可开挖Ⅰ级、Ⅱ级土,先进行开挖,这样可减小爆破的装药量。

根据《城市轨道交通岩土工程勘察规范》(GB 50307—2012),本场地土、石可挖性分级如下:

(1)Ⅰ级:松土

包括$④_3$淤泥质粉质黏土、可塑状态的$④_5$粉质黏土、$④_{11}$砾砂,即开挖时,用铁锹挖,脚蹬一下可到底的松散土层,机械能直接铲挖满载。

(2)Ⅱ级:普通土

包括以黏性土为主的$①_1$素填土、硬塑状态的$④_6$粉土,即开挖时,部分用镐刨松,再用铁锹挖,以脚连蹬数次才能挖动的,机械需部分刨松方能直接铲挖满载或可直接铲挖,但不能满载。

(3)Ⅲ级:硬土

包括以碎石为主的①$_4$ 素填土、花岗岩残积⑦$_1$ 砾质黏性土和风化成土状的⑧$_1$ 全风化花岗岩,即开挖时,必须用镐整个刨过,才能用铁锹挖,机械需普遍刨松或部分爆碎方能铲挖满载。

(4)Ⅳ级:软石

包括路面垫层和⑧$_2$ 强风化花岗岩,即开挖时,用撬棍或十字镐及大锤开挖,部分用爆破法开挖。

(5)Ⅴ级:次坚石

包括水泥路面、⑧$_3$ 中等风化花岗岩,用爆破法开挖。

(6)Ⅵ级:坚石

包括⑧$_4$ 微风化花岗岩,用爆破法开挖。

根据以上岩土可挖性分级,在数值模拟中,将Ⅲ级以上的岩土均作为爆破开挖对象。考虑模型的概化和简化时,以此范围内的最不利条件作为模拟条件,由于Ⅳ级、Ⅴ级、Ⅵ级土的分布深度都大大超出管道埋深,故选择Ⅲ级土为模拟对象。

一般来说,爆破点离管道距离越近,爆破对管道的影响越大,故以爆破开挖对管道影响最大为原则,初步确定离管道最近的开挖边界线为爆破地点。

根据《爆破安全规程》(GB 6722—2014),在爆破工程中,爆破振动安全允许距离按式(7-19)进行计算:

$$R = \left(\frac{K}{V}\right)^{\frac{1}{\alpha}} Q^{\frac{1}{3}} \tag{7-19}$$

式中:R ——爆破振动安全允许距离(m);

Q ——炸药量,齐发爆破时为总药量,延时爆破时为最大单段药量(kg);

V ——保护对象所在地安全允许质点振速(cm/s);

K 、α ——与爆破点至保护对象间的地形、地质条件有关的系数和衰减指数,应通过现场试验确定,在无试验数据的条件下,可查规范中的相关表格取值。

根据爆破方案可知,爆破时最大单段药量为 $Q = 50\text{kg}$;V 按工业和商业建筑的值取为5cm/s;K 和 α 按中硬岩石分别取为150和1.8,则 $R = \left(\frac{150}{5}\right)^{\frac{1}{1.8}} 50^{\frac{1}{3}}$,算出 $R = 23.88\text{m} < 25\text{m}$,所以计算中取值25m从规范上来说是安全的。

2)岩土体及管道材料参数的确定

在综合考虑场地的岩土工程勘察结果和数值模拟的计算需求后,对岩土体的基本参数进行取值。

岩土体发生弹性变形的时间非常短,在工程上往往很难测到,只能测到压缩模量,弹性模量的值又远大于压缩模量。所以在本例的计算中,根据施工单位提供的测量参数,用经验类比法,取弹性模量为5.5GPa。考虑到本例中,现场的地质条件大多为素填土,即大粒径的石块与土的结合体,在屈服应力的取值上偏于保守,小于微风化岩石的值(约10MPa),并且要大于一般土体的值(约 3MPa),取为 7.5MPa。泊松比 ν 按经验从文献中查找,取为 0.23。岩土体的数值模拟材料模型取为双线性随动强化弹塑性模型,其中的切线模量 E_t 取为弹性模量的 1/100。破坏准则遵循广义 Von Mises 屈服条件(冯·米塞斯屈服条件),具体的值见表 7-1。

计 算 参 数 表 7-1

ρ(kg/m³)	E(GPa)	σ_s(MPa)	ν	β	E_t(GPa)
1990	5.5	7.5	0.23	0.5	0.055

管道采用的是 X65 钢材。X65 钢材卷板具有连续屈服特征,无明显的屈服平台,具有非常高的延伸率,属于弹性—均匀塑性材料。

岩土体对管道的影响在模拟中是通过共用节点对来实现的,即爆破作用产生的应力波通过岩土体的节点,传导到管道的节点上,引起管道上材料的应力应变响应,从而使其损伤进而破坏。由于本例的管道是内部存在高压的天然气管道,外部介质的微小扰动都可能引起管道的部分形变,使局部范围产生微裂纹甚至裂缝,再在其内部高压的作用下,将会使裂纹加速扩张引起管道破裂,最终可能会造成天然气的泄露或喷发,其后果不堪设想。所以在模拟计算中,只考虑管道上的应力、应变、速度和加速度的值是否在规范规定或者在力学上合理的范围内即可,不必考虑其破坏的情况。根据《爆破安全规程》(GB 6722—2014),振动速度(偏保守的情况)可按工业和商业建筑的值取为 5cm/s(频率相应取为 100Hz),则加速度为 $5\text{cm/s} \times 100\text{Hz} = 500\text{cm/s}^2$。

同时在考虑其应力应变值时,参考《输气管道工程设计规范》(GB 50251—2015)中的相关规定。采用输气管道径向稳定性要求:当管道埋设较深或外荷载较大时,按无内压状态校核其稳定性。本例为高压管道,若无内压时都没有达到要求,则高压状态时更不能达到稳定性要求。

$$\Delta x \leqslant 0.03D \tag{7-20}$$

$$\Delta x = \frac{ZKWD_m^3}{8EI + 0.061E_sD_m^3} \tag{7-21}$$

$$W = W_1 + W_2 \tag{7-22}$$

$$I = \frac{\delta_n^3}{12} \tag{7-23}$$

式中:Δx ——钢管水平方向最大变形量(m);

D ——钢管外径(m);

D_m ——钢管平均直径(m);

W ——作用在单位管长上的总竖向荷载(N/m);

W_1 ——单位管长上竖向永久荷载(N/m);

W_2 ——地面可变荷载传递到管道上的荷载(N/m);

Z ——钢管变形滞后系数,取为 1.5;

K ——基床系数,根据本例中的情况选用敷管类型为 4 型,取值为 0.096;

E ——钢材的弹性模量(N/m²);

I ——单位管长截面惯性矩(m⁴/m);

δ_n ——钢管公称壁厚(m);

E_s ——土壤变形模量,根据现场实测数据,取为5.33MPa。

管道采用弹塑性随动强化材料模型(PLASTIC_KINEMATIC),屈服准则遵循Von Mises屈服条件,其表达式为:

$$\begin{cases}\sigma = E\varepsilon_e & (\varepsilon \leqslant \varepsilon_e)\\ \sigma = \sigma_y + E_t(\varepsilon - \varepsilon_e) & (\varepsilon > \varepsilon_e)\end{cases} \tag{7-24}$$

管道的物理力学参数见表7-2。

管道的物理力学参数　　表7-2

ρ(kg/m^3)	E(GPa)	σ_s(MPa)	ν	β	E_t(GPa)
7850	210	450	0.29	0.5	2.1

7.3.3　数值模拟分析

爆破模拟计算结果和有效应力分布云图如图7-3～图7-18所示,由于管道与炸药的几何位置关系,以下云图均为从下往上观看的剖面图。

图7-3　400μs时有效应力云图

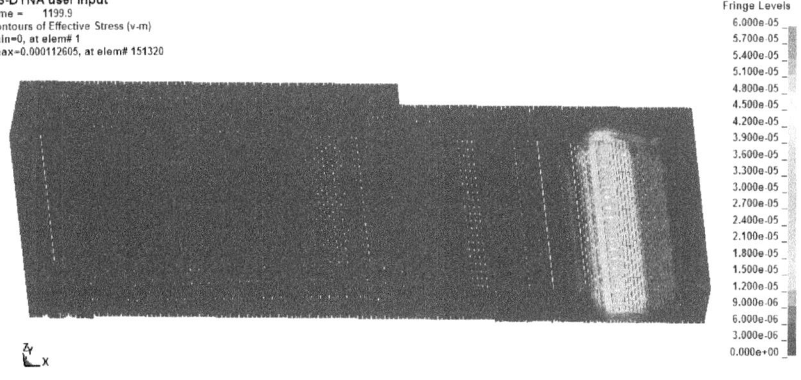

图7-4　1200μs时有效应力云图

图 7-5 2000μs 时有效应力云图

图 7-6 4000μs 时有效应力云图

图 7-7 8000μs 时有效应力云图

图 7-8 10400μs 时有效应力云图

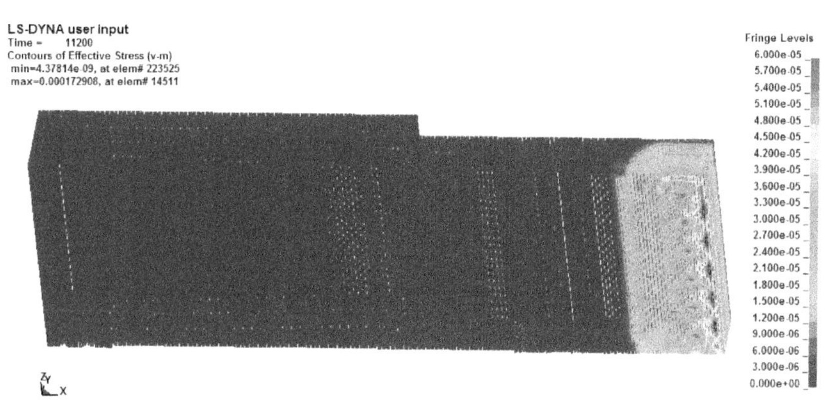

图 7-9 11200μs 时有效应力云图

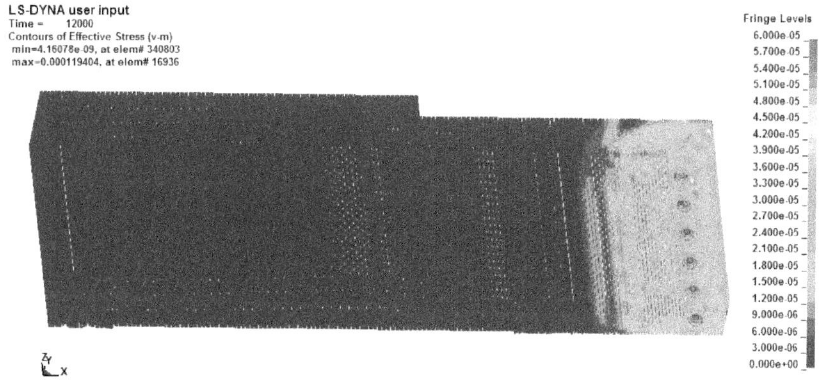

图 7-10 12000μs 时有效应力云图

图 7-11　14000μs 时有效应力云图

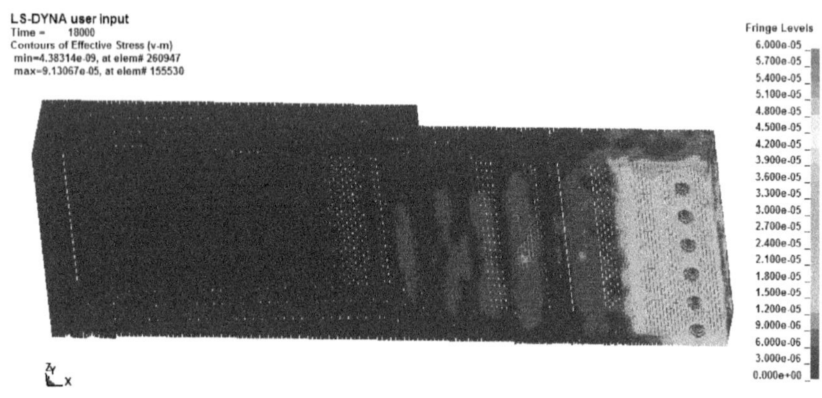

图 7-12　18000μs 时有效应力云图

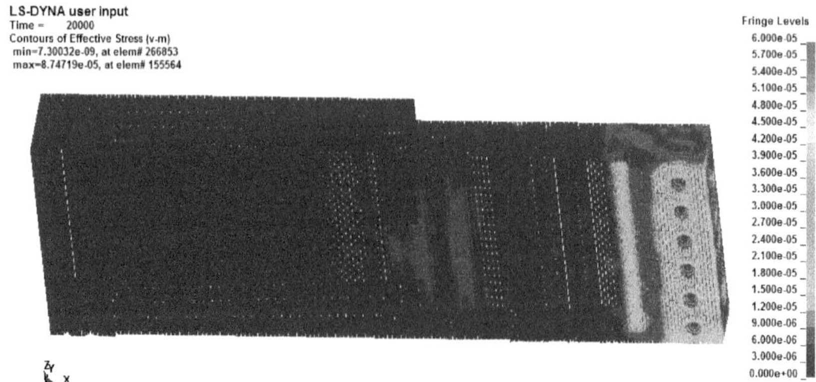

图 7-13　20000μs 时有效应力云图

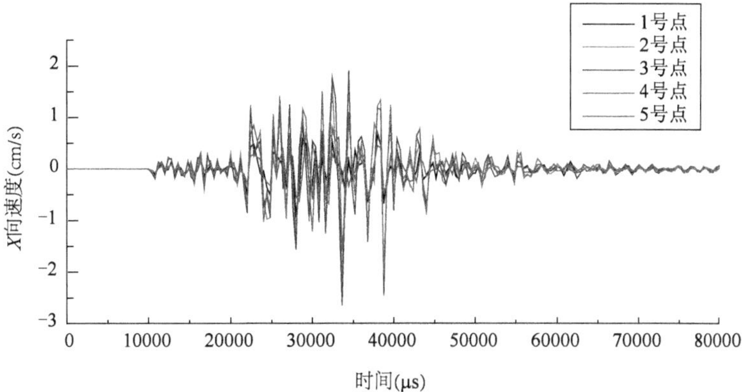

图 7-25　管道上不同位置的水平径向速度曲线

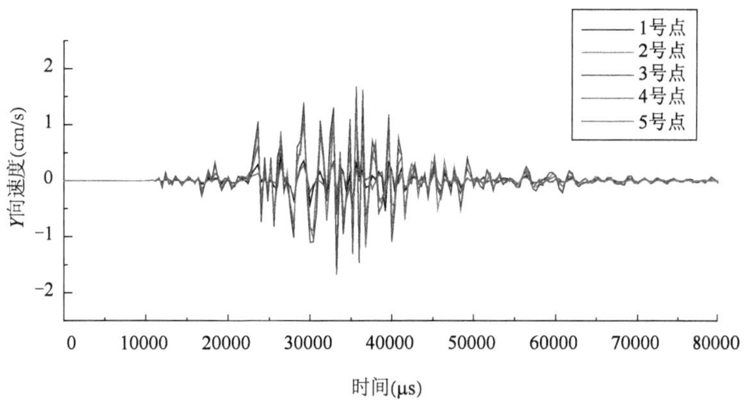

图 7-26　管道上不同位置的垂直方向速度曲线

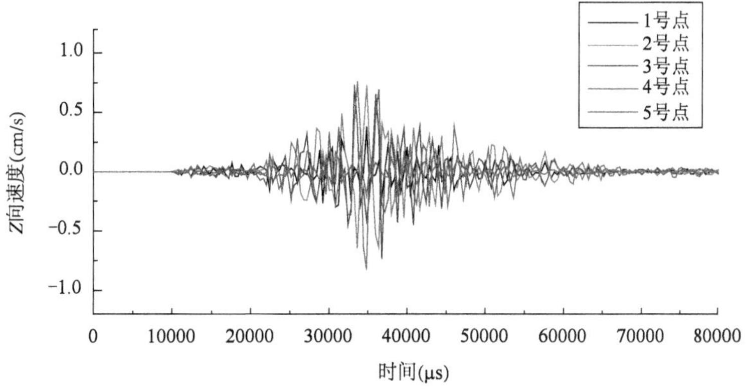

图 7-27　管道上不同位置的水平切向速度曲线

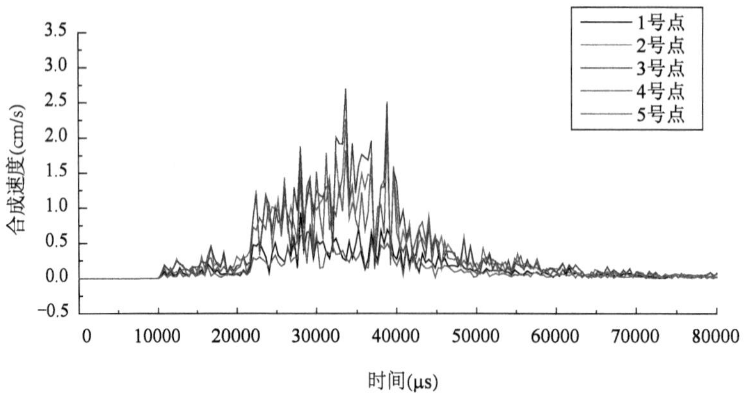

图 7-28　管道上不同位置的速度矢量曲线

从以上的速度曲线可以得出,管道上质点的水平径向速度和垂直速度要大于水平切向速度,径向速度在 2.64cm/s 左右,垂直速度在 1.68cm/s 左右,从《爆破安全规程》(GB 6722—2014)中的振动速度来看,以上速度小于安全允许的振动速度(3cm/s),满足规范的要求,对于工程是安全的。管道上的矢量速度为三个方向速度的矢量值,即 $V = \sqrt{V_X^2 + V_Y^2 + V_Z^2}$,其值在 2.7cm/s 左右。由于振动速度已经满足了规范要求,故无须再进行强度校核。

本次数值模拟结果表明,炸药离管道 40m 的距离已经能满足爆破安全距离的要求。

7.4　本章小结

从本次模拟计算中得出的结论为:模拟方案的炮孔布置方式和炮孔装药量增加了炸药与管道之间的水平距离,爆破施工后管道的振动速度满足规范要求。

下面提供几点参考建议:

(1)在起爆预裂孔时,按孔的排列顺序一次只能起爆 3 个孔;将预裂孔起爆完后,为了更好地形成预裂缝,需要一个较长时间(大于 40ms)再起爆主爆孔。

(2)根据计算结果,需爆破的区域离管道的距离要大于 40m,建议在 50m 以上,在距离管道 50m 以内的区域,建议采用静爆施工,大于 50m 的区域,可采用经过优化设计的爆破施工,但要注意施工参数的确定及施工保护工作。

(3)文中模拟的地点均为爆破对管道最不利的地方,在现场条件较好的地段或土层较软的区域可采用机械开挖施工(参考土石的可挖性分级),不能使用爆破法施工的区域建议采用静态破碎法进行施工。

第 8 章　地铁桥梁施工对油气管线安全影响分析

8.1　工程概况

国内某地铁线停车场出入场线以桥梁方式跨越沟渠，采用 2 孔 16m T 构桥，沟西侧地面以下 4.5m 处有 2 根 ϕ610mm 钢质石油管道，沟东侧地面以下 5.8m 处有 1 根 ϕ500mm 钢质石油管道，桥墩长度 44m，宽 5m，桥墩基础边缘距管道最短距离约为 4m，管道埋深为 2～3m。三根石油管道布置方向均为南北走向，与线路成 17.45°斜角，与桥台平行，均穿过桥涵承台之间，西侧石油管道距中间桥墩 6m，东侧石油管道距中间桥墩 6.2m，桥墩与油气管道的位置剖面图见图 8-1。

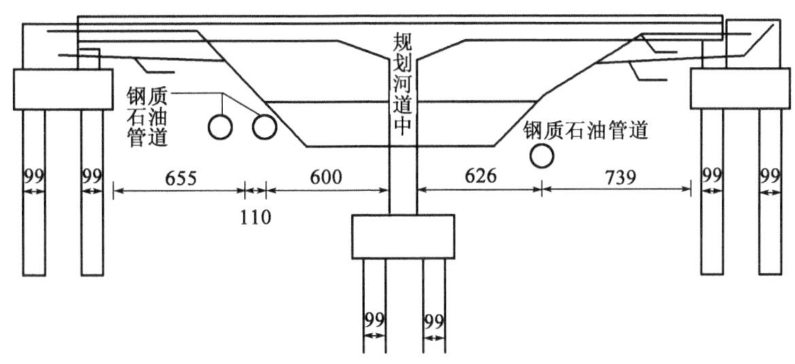

图 8-1　桥梁与石油管道位置关系示意图（尺寸单位：cm）

8.2　工程地质条件

本工程场区内原始地貌为冲洪积平原向台地过渡地貌，地形略有起伏，地面已修建道路和建筑物，地面高程一般为 9.98～28.10m。地质构造主要表现为燕山期花岗岩岩浆侵入作用，花岗岩在风化作用下形成残积层，上部主要为冲洪积淤泥、黏性土、砂层，地表为人工填土层，道路表层为混凝土路面。

本工程场地从上到下的地层依次为：①$_1$素填土、①$_3$素填土、④$_1$淤泥、④$_2$淤泥质黏土、④$_3$淤泥质粉质黏土、④$_4$黏土、④$_8$细砂、④$_9$中砂、④$_{10}$粗砂、④$_{11}$砾砂、⑦$_1$砾质黏性土、⑧$_1$全风化花岗岩、⑧$_2$强风化花岗岩、⑧$_4$微风化花岗岩。

8.3 桥梁施工期间的石油管线防护方案

8.3.1 数值模型的建立及参数的确定

1)几何模型的建立及网格划分

建模原则与前述章节一致,跨沟桥梁桩基与已有石油管道模型建立如下:

(1)对于本次评估,主要分析桥梁承台基坑钢板桩开挖的影响,加之桩洞直径较小,所以评估范围主要是中间桥桩施工的影响范围,因此,模型尺寸为 64m × 48m × 26m(长 × 宽 × 高)。

(2)模型中的土体、管道、桩基、承台、钢板桩围护结构采用实体单元进行模拟。

(3)模型中单元的分组严格按照施工过程的需要进行,共分为 11 个组。

最终,模型包含实体单元(zone)240114 个,节点(grid point)41963 个,建立的总体模型见图 8-2,桥梁地下部分与管道位置关系示意图见图 8-3。

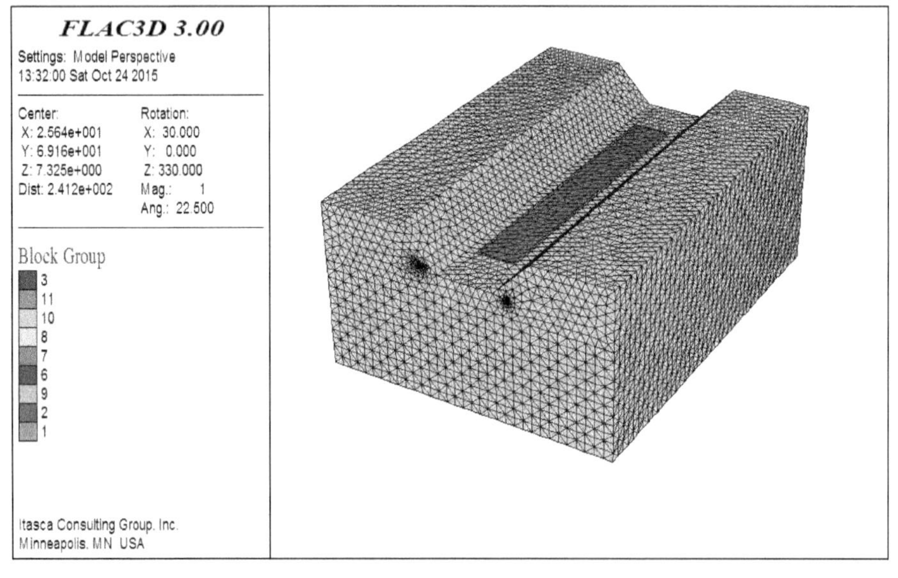

图 8-2 桥梁地下部分与管道总体模型图

根据施工方案,在沟底基础承台施工时,四周采用钢板桩进行围护支撑,尽量减小基础开挖对管道的扰动。依据设计资料,设置 16 排,每排 2 根桩,共 32 根钻孔灌注桩。桩基施工编号如图 8-4 所示。

桥梁地下部分施工工序为:打入钢板桩→开挖钢板桩内土体至基础顶面→双排对向施工(避免近距离桩基施工的不利影响)→每次开挖、灌注 2 根桩→施工 1 号、32 号→施工 2 号、31 号→…→施工 16 号、17 号→模筑承台→回填钢板桩内土体→施工完毕。

2)岩土体及管道材料参数的确定

在综合考虑场地的岩土工程勘察结果和数值模拟的计算需求后,对岩土体的基本参数进行取值。根据地质勘察报告并结合模型计算需要,将计算范围内土体分为6层,各层物理力学参数见表8-1。

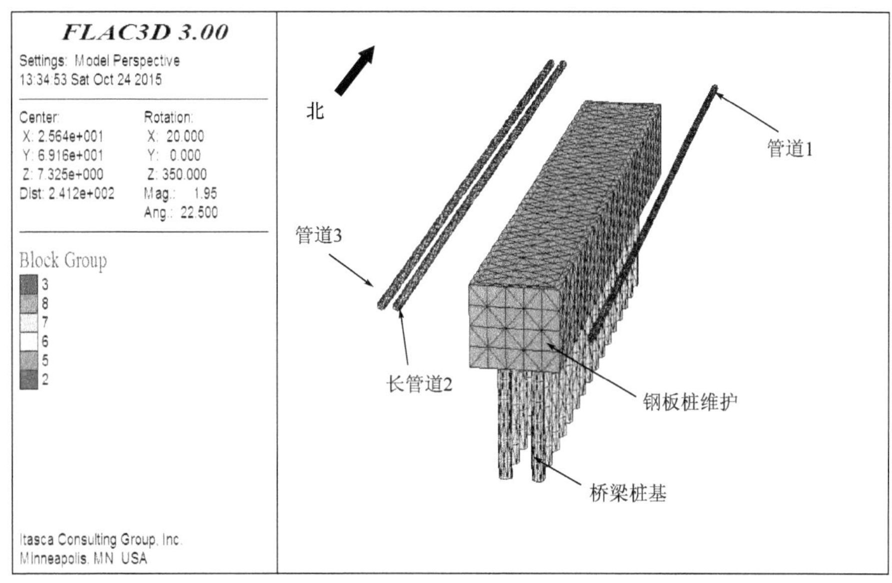

图8-3 桥梁地下部分与管道位置关系示意图

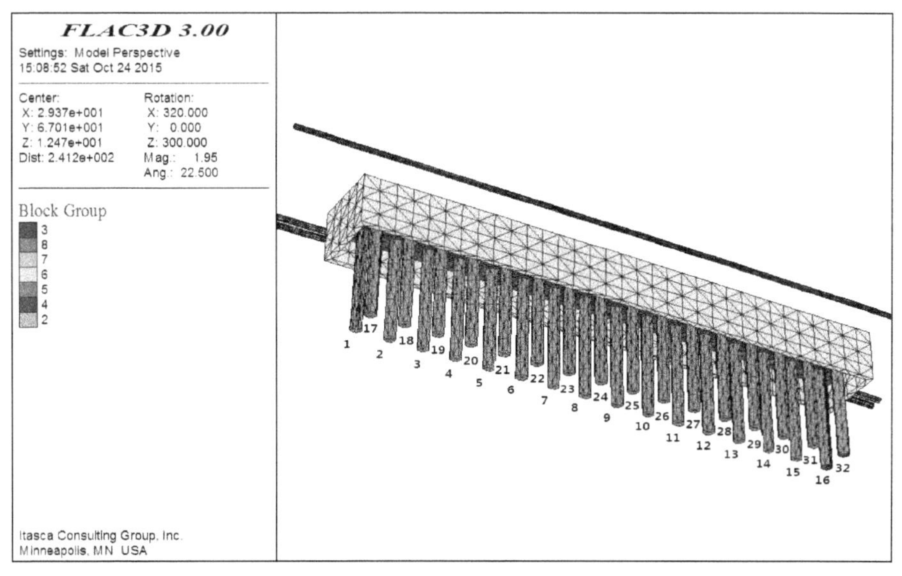

图8-4 桩基施工编号示意图

岩土体物理力学参数 表8-1

序　　号	岩土层名称	埋深(m)	重度(kN/m³)	弹性模量(MPa)	泊松比	黏聚力(kPa)	内摩擦角(°)
1	素填土	0～4	1800	20	0.33	5	10
2	黏土	4～8	2100	45	0.32	24	24

续上表

序号	岩土层名称	埋深(m)	重度(kN/m^3)	弹性模量(MPa)	泊松比	黏聚力(kPa)	内摩擦角(°)
3	细砂	8~13	2050	37	0.33	0	38
4	中砂	13~18	2050	46	0.33	0	35
5	粗砂	18~21	1900	40	0.33	0	38
6	砾砂	21~26	2060	50	0.30	0	35

干线管道采用D508、D457、D323.9三种管径，钢材等级选用APL 5L X60(L415)级和APL 5L X52(L360)级两种管材，以螺旋缝埋弧焊钢管为主。岩土体对管道的影响在模拟中是通过共用节点对来实现的，即桥梁地下部分的开挖引起的周围应力重分布通过岩土体的节点，传导到管道的节点上，引起管道上材料的应力应变响应。由于本例的管道是内部存在压力的石油管道，外部介质的微小扰动都可能引起管道的部分形变，使局部范围产生微裂纹甚至裂缝，再在其内部高压的作用下，将会使裂纹加速扩张引起管道破裂，最终可能会造成石油的泄漏，其后果将不堪设想。

同时在考虑其应力应变值时，参考《输油管道工程设计规范》(GB 50253—2014)中的相关规定。采用输油管道径向稳定性要求，当管道埋设较深或外荷载较大时，按无内压状态校核其稳定性。本例为高压管道，若无内压时都没有达到要求，则高压状态时更不能达到稳定性要求。

如前所述，对于输油管道和桩基混凝土材料采用弹性模型进行模拟，材料参数见表8-2。

输油管道及桩基混凝土材料参数 表8-2

模型	ρ(kg/m^3)	E(GPa)	ν
输油管道	7850	210	0.29
初期支护混凝土材料	2500	30.0	0.2

8.3.2 数值模拟分析

考虑到桩基施工环境为干涸的河道，在桩基开挖前先打入深度为6m的钢板桩进行围护，然后开挖围护结构内土体至设计承台底平面高度。

1)穿越段管道顶部沉降历时

整体模型为左右、前后完全对称模型，故在设定了边界条件的前提下，考虑到管道会在中部产生最大位移，故在FLAC 3D模型中采样了如图8-5所示的6个点的竖向(Z向)和水平向(X向)位移，各监测点位置与监测项目见表8-3。

各管道监测点位置与监测项目 表8-3

监测点编号	监测点位置	监测项目
1	管道3中点处管顶切点	水平向位移、竖向位移
2	管道3中点处右侧切点	水平向位移、竖向位移
3	管道2中点处管顶切点	水平向位移、竖向位移
4	管道2中点处右侧切点	水平向位移、竖向位移
5	管道1中点处管顶切点	水平向位移、竖向位移
6	管道1中点处右侧切点	水平向位移、竖向位移

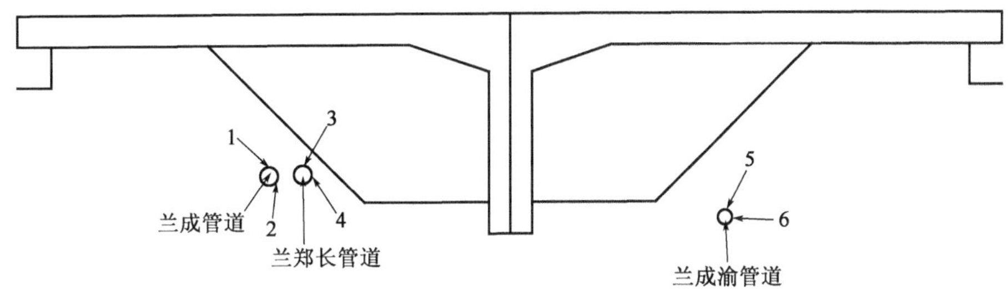

图 8-5 监测点位置示意图

在每一步桩基施工完成后,考虑到应力释放和重分布后记录下各监测点的水平和竖向位移,共得到 12 组数据,绘出各监测点位移随开挖步距变化曲线,如图 8-6 和图 8-7 所示。

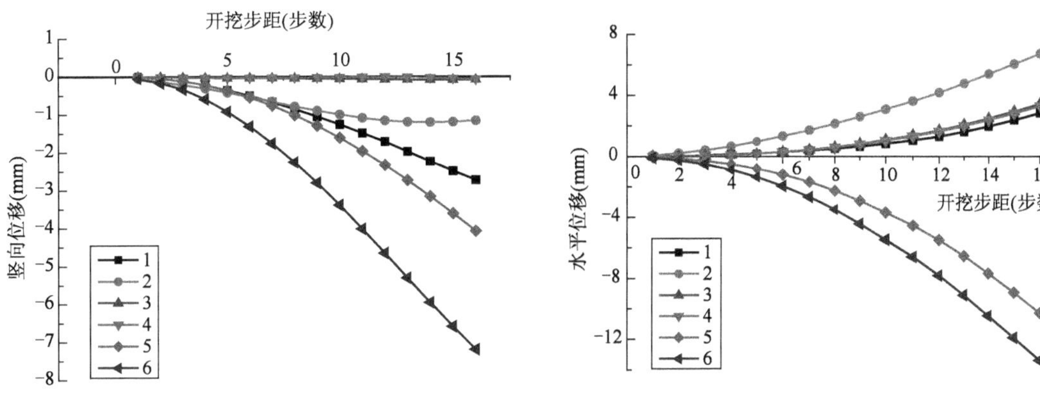

图 8-6 各监测点竖向位移随开挖步距变化曲线　　图 8-7 各监测点水平位移随开挖步距变化曲线

图中竖向位移正值表示监测点上浮,负值表示监测点下沉;水平位移正值表示向右(东)移动,负值表示向左(西)移动。

由图中可以观察到管道 3、管道 2 中点处监测点(即 1、2、3、4 点)位移不大,而管道 3 中点处监测点(即 5、6 两点)竖向和水平位移值都比较大。其中,监测点 6 水平位移值达到了 13.4mm。初步分析原因如下:管道 1 埋置深度比管道 2、管道 3 大 1.5m 左右,因此管道 1 在钢板桩施工和桩基开挖过程中,承受了更大的水平和竖向土压力,施工对其扰动影响更大,导致其位移值更大。

2)输油管道沉降云图

桩基开挖施工共分为 2 个阶段,第一阶段为钢板桩打设,然后开挖钢板桩内土体的过程;第二阶段为钻孔灌注桩的施工,此过程分为 16 步,每一步有两根对向的桩同时施工。

施工完成后,沿管道纵向、管顶各监测点的水平和竖向位移曲线如图 8-8 和图 8-9 所示,其中 X 轴表示各切点沿管道方向坐标变化,起始点 40 表示模型的纵向起点坐标(模型南侧边界),104 表示模型的纵向终点坐标。由图中可以看出,与钢板桩支护相对应的管段位移较大,其余两端位移值较小。初步分析原因为,基坑开挖引起钢板桩变形,导致周围土体变形,使得中部位移值较两端更大。

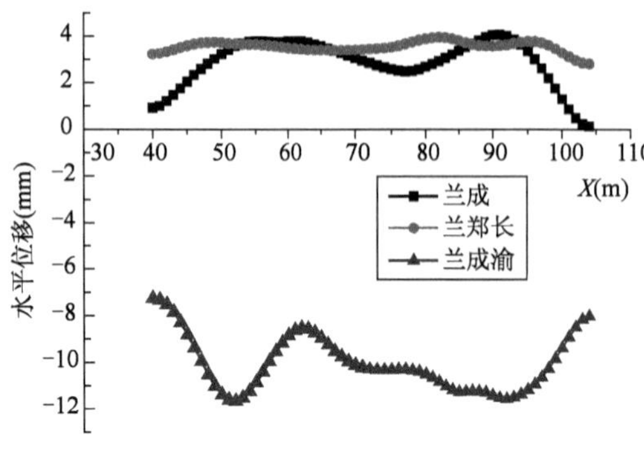

图 8-8 沿管道方向各顶部监测点水平位移曲线

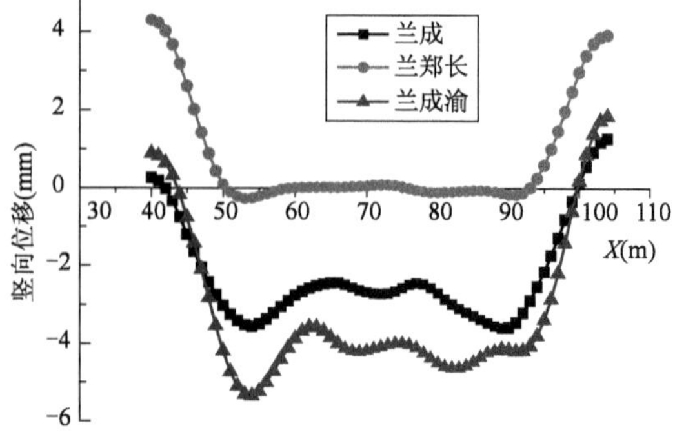

图 8-9 沿管道方向各顶部监测点竖向位移曲线

8.4 数值模拟结论

对中点沉降值与施工步的变化关系以及管线整体沉降与施工步关系进行分析,可得到如下几点结论:

(1)管线的最大变形出现在管道 1 纵向 1/6 处的外径切点处,其水平位移值达到 14mm。

(2)根据《输油管道工程设计规范》(GB 50253—2014)规定,对穿越公路的无套管管段、穿越用的套管及埋深较大的管段,均应按无内压状态验算外力作用下管子的变形,其水平直径方向变形量不得大于外径的 3%,本例中管道直径为 50 ~ 60cm,故其最大变形允许值为 1.5 ~ 1.8cm,故采用此工法可保证安全。

8.5 本章小结

综上所述,严格采用设计提出的方案可以保证施工中石油管线的安全性。但是,依据《中华人民共和国石油天然气管道保护法》第三十条规定,在管道线路中心线两侧各 5m 范围内禁止修建建(构)筑物,因此,建议设计单位对设计方案进行调整,以保证管道线路中心线两侧各 5m 范围内不进行施工,不修建建(构)筑物。在管道两侧 5m 范围内严禁动土施工,将外缘两侧 5 ~ 50m 范围内的区域作为安全控制范围。

第9章　燃气管线对地铁安全影响分析

从燃气管道泄漏事故案例来看，燃气管线泄漏导致的后果主要为爆炸和爆炸引起的火灾两种模式，对周边安全影响主要是爆炸冲击波，因此，本章分析燃气管线对地铁安全的影响时，主要分析蒸气云爆炸。同时，为了考虑不同输送压力下的影响范围，分别计算了9.2MPa、4MPa及1.6MPa压力下的事故影响范围。

9.1　工程概况

国内某车辆基地用地位于水源保护区控制线与高速之间不规则带状地块内，地块宽度为130～380m，长度约1480m，用地紧张。南侧共有3条高压管道，由北向南依次是DP高压天然气管道、SZ燃气管道、ZSH高压管道。

(1)车辆段平面布置满足建筑物边缘距离DP高压天然气管道中心距离大于50m，且不在管道中心5m范围内进行任何工程施工。

(2)车辆段布置同时满足了SZ燃气管道、ZSH管道关于深圳市制定的5m、27m、50m控制范围布置要求。

DP高压天然气管道的设计压力为9.2MPa，实际运营压力为8.8～9.0MPa，钢管壁厚8.4mm，采用X65钢材。燃气管道与地铁车辆段相对位置关系如图9-1所示。

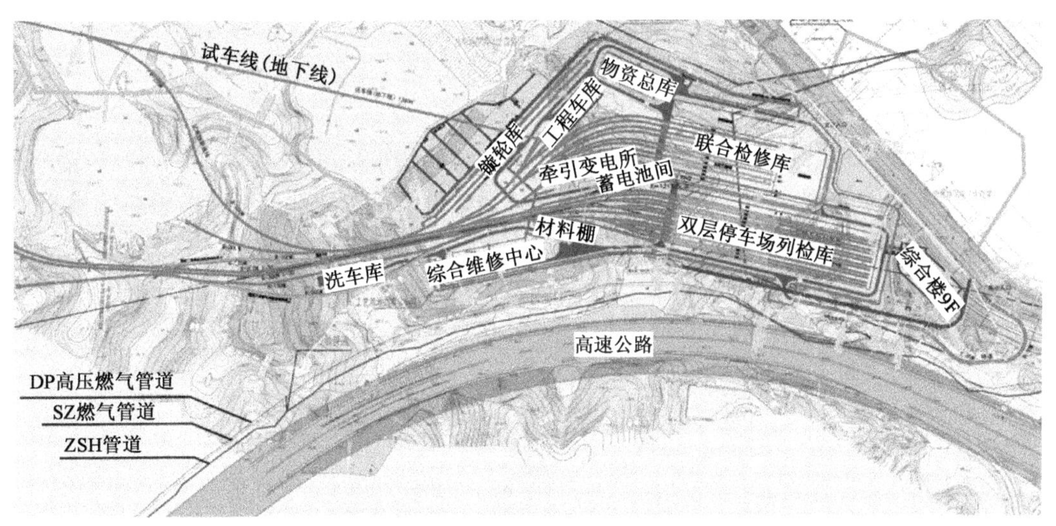

图9-1　燃气管道与地铁车辆段相对位置关系图

9.2 管道泄漏爆炸影响分析

9.2.1 气体连续泄漏蒸气云爆炸模型

(1)参加云爆炸的物质质量 W

$$W = Q_0 t \tag{9-1}$$

式中:W——参加云爆的物质质量(kg);

Q_0——泄漏速度(kg/s);

t——泄漏时间(s)。

(2)爆炸总能量 E

$$E = \alpha\beta W Q_c \tag{9-2}$$

式中:E——爆源总能量(kJ);

α——蒸气云当量系数,取0.04;

β——地面爆炸系数,取1.8;

W——参加云爆炸的物质质量(kg);

Q_c——爆炸物的爆热(kJ/kg)。

(3)死亡半径 R_D

死亡区域内的人员若缺少防护,则被认为将无例外地受到严重伤害或死亡,其内径为0,外径记为 $R_{0.5}$,表示外圆周人员因冲击波作用导致肺出血而死亡的概率为0.5,它由下式确定:

$$R_D = R_{0.5} = 13.6\left(\frac{E}{1000Q_{TNT}}\right)^{0.37} = 13.6 \times \left(\frac{E}{4.52 \times 10^6}\right)^{0.37} \tag{9-3}$$

式中:R_D——死亡半径(m);

E——爆源总能量(kJ);

Q_{TNT}——TNT 爆热,可取 $Q_{TNT} = 4520$kJ/kg。

(4)重伤半径 R_S

重伤区内的人员若缺少防护,则绝大多数将受到严重伤害,极少数人可能死亡或受轻伤。其内径就是死亡半径 $R_{0.5}$,外径记为 $R_{d0.5}$,代表该处人员因冲击波作用耳膜破裂的概率为0.5,它要求的冲击波峰值超压为44000Pa。重伤半径按下列方程组求解:

$$\Delta p_s = 0.137Z^{-3} + 0.119Z^{-2} + 0.269Z^{-1} - 0.019 \tag{9-4}$$

$$\Delta p_s = \frac{\Delta p}{P_0} = \frac{44000}{P_0} = 0.4344 \tag{9-5}$$

$$Z = \frac{R_S}{\left(\frac{E}{P_0}\right)^{1/3}} \tag{9-6}$$

式中:Z——无量纲距离;

Δp——目标处的超压值(Pa);

P_0——环境压力,取为101.325kPa;

R_S——重伤半径(m)。

(5)轻伤半径 R_F

轻伤区的人员若缺少防护,则绝大多数将受到轻微伤害,少数人将受重伤或平安无事,死亡的可能性极小。其内径就是重伤区的外径 $R_{d0.5}$,外径记为 $R_{d0.01}$,表示外边界处耳膜因冲击波作用破裂的概率为0.01,它要求的冲击波峰值超压为17000Pa。轻伤半径按下列方程组求解:

$$\Delta p_s = 0.137Z^{-3} + 0.119Z^{-2} + 0.269Z^{-1} - 0.019 \tag{9-7}$$

$$\Delta p_s = \frac{\Delta p}{P_0} = \frac{17000}{P_0} \approx 0.1678 \tag{9-8}$$

$$Z = \frac{R_F}{\left(\frac{E}{P_0}\right)^{1/3}} \tag{9-9}$$

式中:Z——无量纲距离;

Δp——目标处的超压值(Pa);

P_0——环境压力,取为101.325kPa;

R_F——轻伤半径(m)。

(6)财产损失半径 R_P

财产损失半径是为了得到爆炸波与房屋破坏之间的关系,确定爆炸源与周围房屋的安全距离。它可由下式求得:

$$R_P = \frac{K_i\left(\frac{E}{Q_{TNT}}\right)^{\frac{1}{3}}}{\left[1 + \left(\frac{3175Q_{TNT}}{E}\right)^2\right]^{\frac{1}{6}}} \tag{9-10}$$

式中:R_P——财产损失半径(m);

E——爆源总能量(kJ);

Q_{TNT}——TNT爆热,可取 Q_{TNT} =4520kJ/kg;

K_i——与建筑物破坏等级有关的常数,具体取值见表9-1。

建筑物破坏等级的划分 表9-1

破坏等级	破坏系数 A_i	K_i	破坏状况
1	1.0	3.8	所有建筑物全部破坏
2	0.6	4.6	砖砌房外表50%~70%破损,墙壁下部危险
3	0.5	9.6	房屋不能再居住,屋顶部分或全部破坏,外墙1~2个面部分破损,承重墙损坏严重
4	0.3	28	建筑物受一定程度破坏,隔墙木结构要加固
5	0.2	56	房屋经修理后可居住,天井瓷砖瓦管不同程度破坏,隔墙木结构要加固
6	0.1	+∞	房屋基本无破坏

9.2.2 天然气超高压管道事故假定与后果分析

1）事故假定

LNG 管道从西向东沿停车场南侧红线外铺设，此管材质为 X65 焊接钢管，敷设在停车场周边的长度约 900m，埋深约 2m，压力 9.2MPa，液化天然气成分中，甲烷含量 97%，乙烷含量 2%，丙烷含量 0.3%，丁烷含量 0.14%，硫化氢含量小于 3.5ppm。

土石方开挖、腐蚀或其他原因可能导致管线失效而发生天然气泄漏，从而导致重大事故发生。因气体主要成分为甲烷、硫化氢含量低，故不考虑毒气连续泄漏中毒事故后果；因管道埋深约 2m，故不考虑喷射火事故后果。因此本次分析天然气超高压管道事故的假定为法兰、接头泄漏或管道断裂，导致空气中形成爆炸性混合气体，当其浓度处于天然气爆炸极限内，遇火源发生蒸气云爆炸事故。

2）后果分析

分别取泄漏时间为 1s、5s、10s、20s、30s、40s、50s、60s、90s、120s、150s 和 180s，应用上述气体连续泄漏速度计算模型及蒸气云爆炸模型，在管道操作压力为 9.2MPa、4MPa、1.6MPa 时分别对管道断裂和法兰接口泄漏两种情况进行计算模拟。

根据气体连续泄漏速度计算模型和气体连续泄漏蒸气云爆炸模型，采用 C# 语言编制事故后果计算模块，软件模块计算界面如图 9-2 所示。

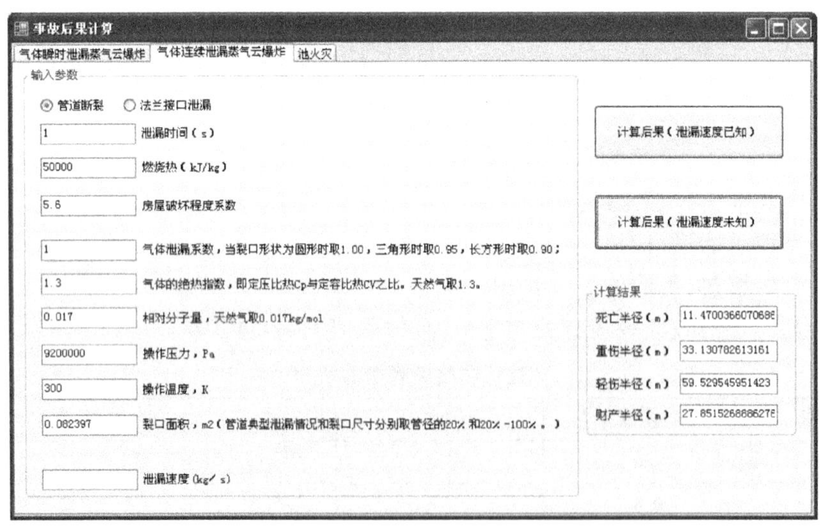

图 9-2 事故后果计算模块

（1）管道操作压力为 9.2MPa 时的后果分析

①管道断裂

管道断裂模拟参数设置见表 9-2。

管道断裂模拟参数设置　　表 9-2

气体泄漏系数	1	气体绝热指数	1.3
相对分子量	0.017kg/mol	操作压力	9200000Pa
操作温度	300K	裂口等效管径	0.3239m
燃烧热	50000kJ/kg	房屋破坏程度系数	5.6

管道断裂失效事故导致介质从两端泄漏，其当量泄漏率 $Q = 2 \times 0.3 \times$ 气体泄漏速度 Q_o（0.3 为泄漏率延迟因子）。管道断裂事故后果计算表见表 9-3，管道断裂引发的蒸气云爆炸后果图见图 9-3。

管道断裂事故后果计算表　　表 9-3

泄漏时间(s)	死亡半径(m)	重伤半径(m)	轻伤半径(m)	财产损失半径(m)
1	11.47	33.13	59.53	27.85
5	20.81	56.65	101.79	73.10
10	26.89	71.38	128.25	99.67
20	34.75	89.93	161.59	129.06
30	40.37	102.95	184.97	148.56
40	44.91	113.31	203.59	163.84
50	48.77	122.05	219.31	176.66
60	52.18	129.70	233.05	187.83
90	60.62	148.47	266.78	215.15
120	67.43	163.42	293.62	236.85
150	73.23	176.03	316.30	255.17
180	78.35	187.06	336.12	271.17

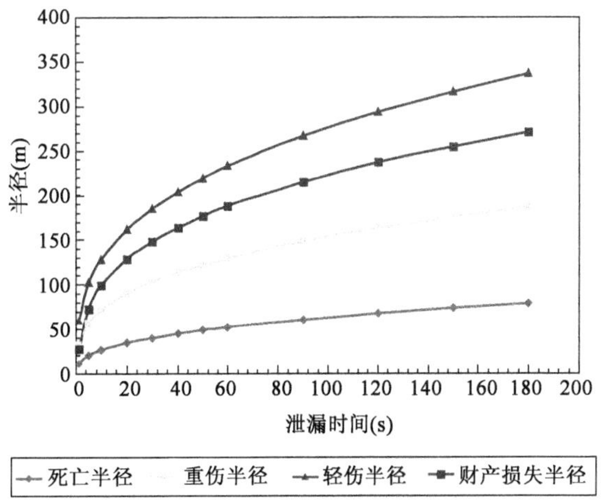

图 9-3　管道断裂引发的蒸气云爆炸后果图

②法兰、接口泄漏

法兰、接口泄漏模拟参数设置见表 9-4，法兰、接口泄漏事故后果计算见表 9-5，法兰、接口泄漏引发的蒸气云爆炸后果图见图9-4。

法兰、接口泄漏模拟参数设置 表9-4

气体泄漏系数	1	气体绝热指数	1.3
相对分子量	0.017kg/mol	操作压力	9200000Pa
操作温度	300K	裂口等效管径	0.06478m
燃烧热	50000kJ/kg	房屋破坏程度系数	5.6

法兰、接口泄漏事故后果计算表 表9-5

泄漏时间(s)	死亡半径(m)	重伤半径(m)	轻伤半径(m)	财产损失半径(m)
1	4.21	13.44	24.15	4.61
5	7.64	22.98	41.29	13.48
10	9.88	28.95	52.03	21.35
20	12.76	36.48	65.55	33.60
30	14.83	41.76	75.03	43.46
40	16.50	45.96	82.59	51.76
50	17.92	49.51	88.96	58.91
60	19.17	52.61	94.54	65.14
90	22.27	60.23	108.22	79.92
120	24.77	66.29	119.11	90.93
150	26.90	71.41	128.31	99.72
180	28.78	75.88	136.35	107.09

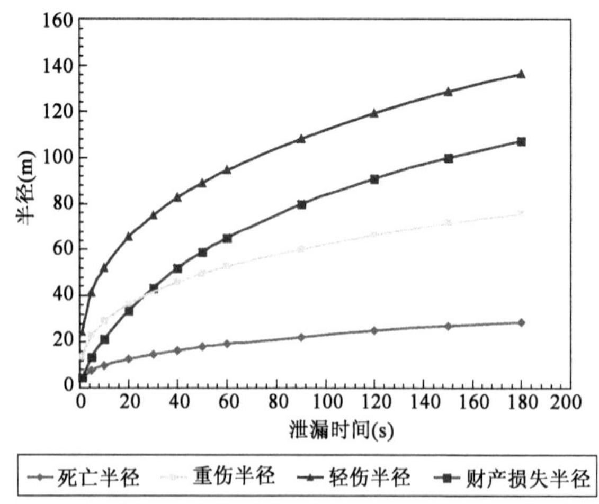

图9-4 法兰、接口泄漏引发的蒸气云爆炸后果图

(2)管道操作压力为4.0MPa时的后果分析

①管道断裂

管道断裂模拟参数设置见表9-6。

管道断裂模拟参数设置　　表 9-6

气体泄漏系数	1	气体绝热指数	1.3
相对分子量	0.017kg/mol	操作压力	4000000Pa
操作温度	300K	裂口等效管径	0.3239m
燃烧热	50000kJ/kg	房屋破坏程度系数	5.6

管道断裂事故后果计算表见表 9-7，管道断裂引发的蒸气云爆炸后果图见图 9-5。

管道断裂事故后果计算表　　表 9-7

泄漏时间(s)	死亡半径(m)	重伤半径(m)	轻伤半径(m)	财产损失半径(m)
1	8.43	25.10	45.10	16.07
5	15.29	42.92	77.12	45.72
10	19.76	54.07	97.16	68.04
20	25.53	68.13	122.41	94.13
30	29.67	77.99	140.13	110.48
40	33.00	85.84	154.23	122.79
50	35.84	92.47	166.14	132.90
60	38.34	98.26	176.55	141.59
90	44.54	112.48	202.10	162.63
120	49.55	123.80	222.44	179.21
150	53.81	133.36	239.62	193.15
180	57.57	141.71	254.63	205.32

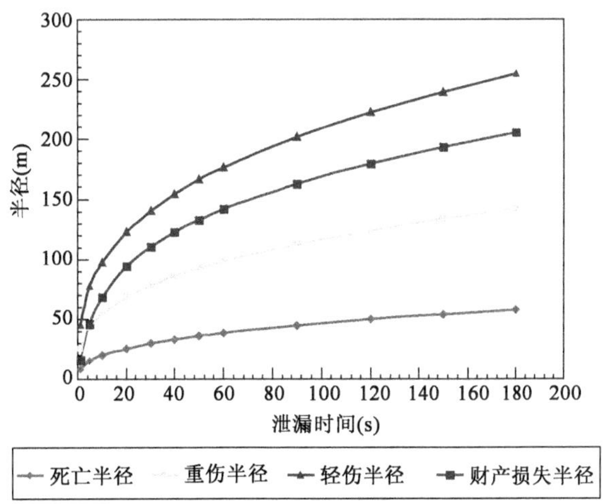

图 9-5　管道断裂引发的蒸气云爆炸后果图

②法兰、接口泄漏

法兰、接口泄漏模拟参数设置见表9-8，法兰、接口泄漏事故后果计算表见表9-9，法兰、接口泄漏引发的蒸气云爆炸后果图见图9-6。

法兰、接口泄漏模拟参数设置　　表9-8

气体泄漏系数	1	气体绝热指数	1.3
相对分子量	0.017kg/mol	操作压力	4000000Pa
操作温度	300K	裂口等效管径	0.06478m
燃烧热	50000kJ/kg	房屋破坏程度系数	5.6

法兰、接口泄漏事故后果计算表　　表9-9

泄漏时间(s)	死亡半径(m)	重伤半径(m)	轻伤半径(m)	财产损失半径(m)
1	3.10	10.18	18.29	2.65
5	5.62	17.41	31.28	7.74
10	7.26	21.94	39.41	12.28
20	9.38	27.64	49.66	19.46
30	10.90	31.64	56.84	25.43
40	12.12	34.82	62.56	30.70
50	13.16	37.51	67.40	35.45
60	14.08	39.86	71.62	39.82
90	16.36	45.63	81.98	51.09
120	18.20	50.22	90.23	60.34
150	19.77	54.10	97.20	68.09
180	21.15	57.49	103.29	74.71

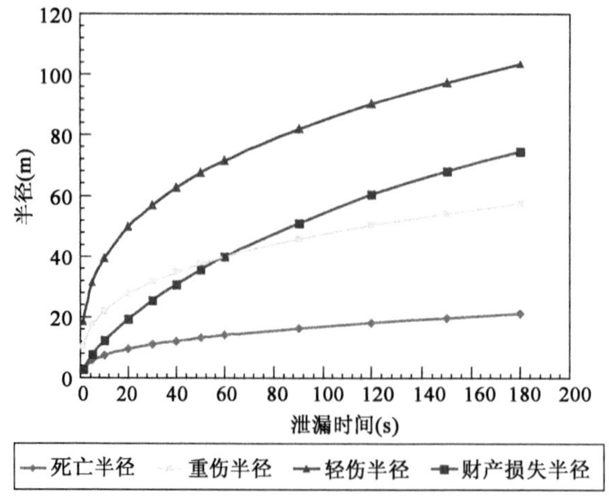

图9-6　法兰、接口泄漏引发的蒸气云爆炸后果图

(3)管道操作压力为1.6 MPa时的后果分析

①管道断裂

管道断裂模拟参数设置见表9-10。

管道断裂模拟参数设置　　表9-10

气体泄漏系数	1	气体绝热指数	1.3
相对分子量	0.017kg/mol	操作压力	1600000Pa
操作温度	300K	裂口等效管径	0.3239m
燃烧热	50000kJ/kg	房屋破坏程度系数	5.6

管道断裂事故后果计算表见表9-11,管道断裂引发的蒸气云爆炸后果图见图9-7。

管道断裂事故后果计算表　　表9-11

泄漏时间(s)	死亡半径(m)	重伤半径(m)	轻伤半径(m)	财产损失半径(m)
1	6.00	18.49	33.23	8.73
5	10.89	31.62	56.82	25.41
10	14.08	39.84	71.59	39.78
20	18.19	50.20	90.20	60.30
30	21.14	57.46	103.25	74.66
40	23.51	63.25	113.64	85.48
50	25.53	68.13	122.41	94.13
60	27.32	72.40	130.08	101.37
90	31.74	82.87	148.91	118.20
120	35.30	91.22	163.90	131.01
150	38.34	98.26	176.55	141.59
180	41.01	104.42	187.61	150.74

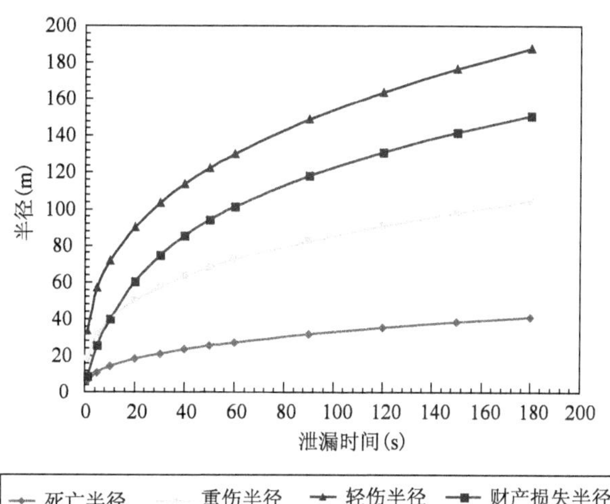

图9-7　管道断裂引发的蒸气云爆炸后果图

②法兰、接口泄漏

法兰、接口泄漏模拟参数设置见表9-12,法兰、接口泄漏事故后果计算表见表9-13,法兰、接口泄漏引发的蒸气云爆炸后果图见图9-8。

法兰、接口泄漏模拟参数设置　　表9-12

气体泄漏系数	1	气体绝热指数	1.3
相对分子量	0.017kg/mol	操作压力	1600000Pa
操作温度	300K	裂口等效管径	0.06478m
燃烧热	50000kJ/kg	房屋破坏程度系数	5.6

法兰、接口泄漏事故后果计算表　　表9-13

泄漏时间(s)	死亡半径(m)	重伤半径(m)	轻伤半径(m)	财产损失半径(m)
1	2.21	7.50	13.48	1.44
5	4.00	12.83	23.05	4.20
10	5.17	16.16	29.04	6.67
20	6.68	20.36	36.59	10.59
30	7.76	23.31	41.88	13.86
40	8.64	25.66	46.10	16.79
50	9.38	27.64	49.66	19.46
60	10.03	29.37	52.77	21.96
90	11.66	33.62	60.41	28.66
120	12.97	37.00	66.48	34.54
150	14.08	39.86	71.62	39.82
180	15.07	42.36	76.11	44.62

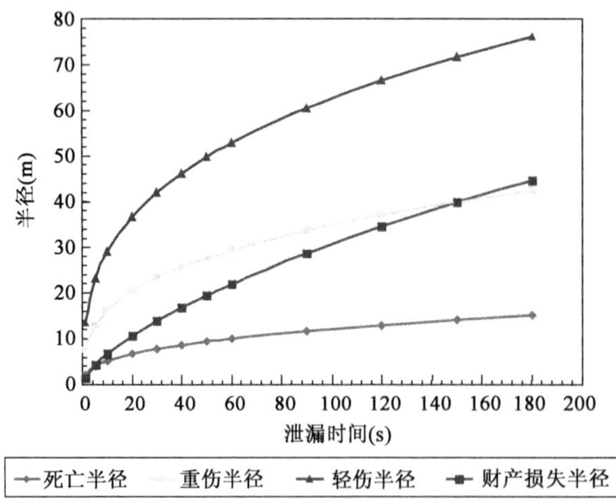

图9-8　法兰、接口泄漏引发的蒸气云爆炸后果图

(4)不同压力下的事故后果对比

①死亡半径

不同压力下的死亡半径见表9-14,不同压力下的死亡半径变化曲线见图9-9。

不同压力下的死亡半径(单位:m) 表9-14

泄漏时间(s)	管道断裂			法兰、接口泄漏		
	9.2 MPa	4.0 MPa	1.6 MPa	9.2 MPa	4.0 MPa	1.6 MPa
1	11.47	8.43	6.00	4.21	3.10	2.21
5	20.81	15.29	10.89	7.64	5.62	4.00
10	26.89	19.76	14.08	9.88	7.26	5.17
20	34.75	25.53	18.19	12.76	9.38	6.68
30	40.37	29.67	21.14	14.83	10.90	7.76
40	44.91	33.00	23.51	16.50	12.12	8.64
50	48.77	35.84	25.53	17.92	13.16	9.38
60	52.18	38.34	27.32	19.17	14.08	10.03
90	60.62	44.54	31.74	22.27	16.36	11.66
120	67.43	49.55	35.30	24.77	18.20	12.97
150	73.23	53.81	38.34	26.90	19.77	14.08
180	78.35	57.57	41.01	28.78	21.15	15.07

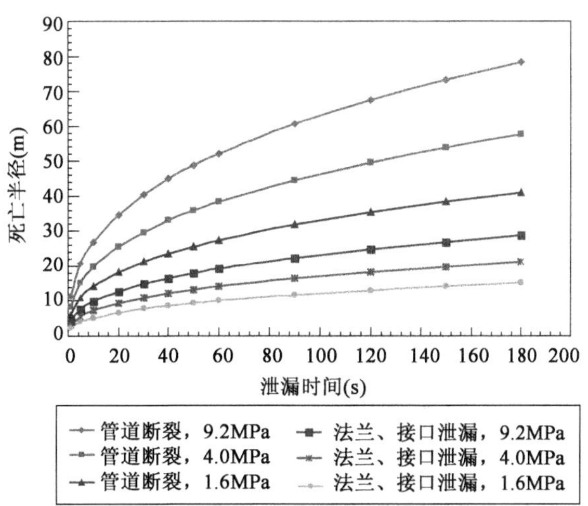

图9-9 不同压力下的死亡半径变化曲线

②重伤半径

不同压力下的重伤半径见表9-15,不同压力下的重伤半径变化曲线见图9-10。

不同压力下的重伤半径(单位:m)　　表9-15

泄漏时间(s)	管道断裂			法兰、接口泄漏		
	9.2 MPa	4.0 MPa	1.6 MPa	9.2 MPa	4.0 MPa	1.6 MPa
1	33.13	25.10	18.49	13.44	10.18	7.50
5	56.65	42.92	31.62	22.98	17.41	12.83
10	71.38	54.07	39.84	28.95	21.94	16.16
20	89.93	68.13	50.20	36.48	27.64	20.36
30	102.95	77.99	57.46	41.76	31.64	23.31
40	113.31	85.84	63.25	45.96	34.82	25.66
50	122.05	92.47	68.13	49.51	37.51	27.64
60	129.70	98.26	72.40	52.61	39.86	29.37
90	148.47	112.48	82.87	60.23	45.63	33.62
120	163.42	123.80	91.22	66.29	50.22	37.00
150	176.03	133.36	98.26	71.41	54.10	39.86
180	187.06	141.71	104.42	75.88	57.49	42.36

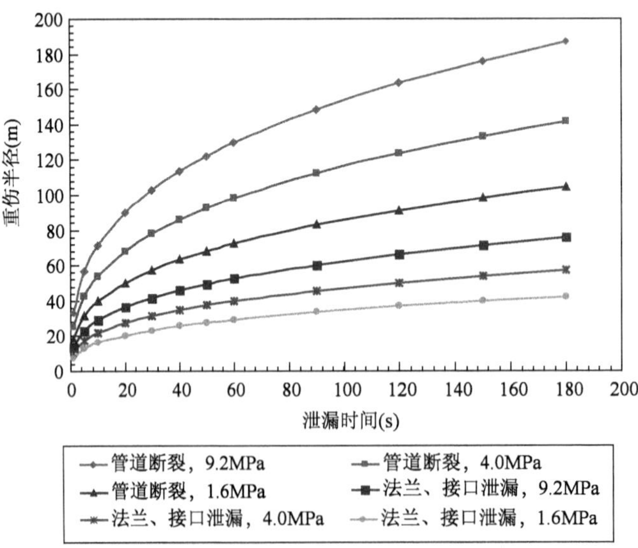

图9-10　不同压力下的重伤半径变化曲线

③轻伤半径

不同压力下的轻伤半径见表9-16,不同压力下的轻伤半径变化曲线见图9-11。

不同压力下的轻伤半径(单位:m)　　表9-16

泄漏时间(s)	管道断裂			法兰、接口泄漏		
	9.2MPa	4.0MPa	1.6MPa	9.2MPa	4.0MPa	1.6MPa
1	59.53	45.10	33.23	24.15	18.29	13.48
5	101.79	77.12	56.82	41.29	31.28	23.05
10	128.25	97.16	71.59	52.03	39.41	29.04
20	161.59	122.41	90.20	65.55	49.66	36.59
30	184.97	140.13	103.25	75.03	56.84	41.88
40	203.59	154.23	113.64	82.59	62.56	46.10
50	219.31	166.14	122.41	88.96	67.40	49.66
60	233.05	176.55	130.08	94.54	71.62	52.77
90	266.78	202.10	148.91	108.22	81.98	60.41
120	293.62	222.44	163.90	119.11	90.23	66.48
150	316.30	239.62	176.55	128.31	97.20	71.62
180	336.12	254.63	187.61	136.35	103.29	76.11

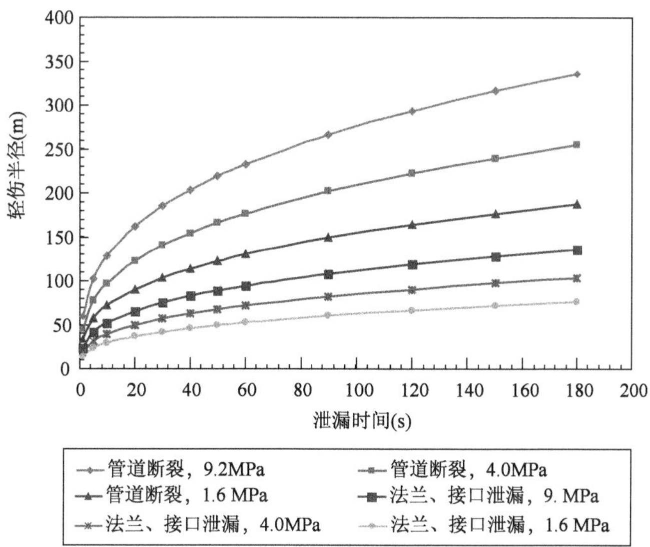

图9-11　不同压力下的轻伤半径变化曲线

④财产损失半径

不同压力下的财产损失半径见表9-17,不同压力下的财产损失半径变化曲线见图9-12。

不同压力下的财产损失半径(单位:m)　　表9-17

泄漏时间(s)	管道断裂			法兰、接口泄漏		
	9.2MPa	4.0MPa	1.6MPa	9.2MPa	4.0MPa	1.6MPa
1	27.85	16.07	8.73	4.61	2.65	1.44
5	73.10	45.72	25.41	13.48	7.74	4.20
10	99.67	68.04	39.78	21.35	12.28	6.67
20	129.06	94.13	60.30	33.60	19.46	10.59
30	148.56	110.48	74.66	43.46	25.43	13.86
40	163.84	122.79	85.48	51.76	30.70	16.79
50	176.66	132.90	94.13	58.91	35.45	19.46
60	187.83	141.59	101.37	65.14	39.82	21.96
90	215.15	162.63	118.20	79.92	51.09	28.66
120	236.85	179.21	131.01	90.93	60.34	34.54
150	255.17	193.15	141.59	99.72	68.09	39.82
180	271.17	205.32	150.74	107.09	74.71	44.62

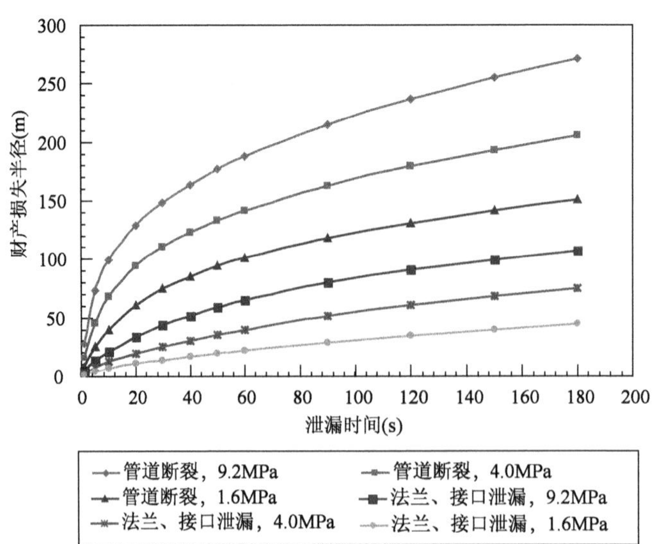

图9-12　不同压力下的财产损失半径变化曲线

比较不同压力下的事故影响范围预测结果可知，一旦管道泄漏而引发蒸气云爆炸，会对停车场内的人员和设备设施产生极大影响，管道操作压力越大、泄漏口面积越大、泄漏时间越长事故后果越严重。因此，首先建议在施工过程中严格落实安全生产责任制，防止由于施工引起管道断裂、破损。同时，建议对燃气管道进行降压处理，并积极与燃气公司、消防等相关部门充分沟通，在制定停车场应急预案时充分考虑燃气管道的安全性，确保一旦发生泄漏事故立即关闭管道阀门。

9.3　油气管道泄露后果分析评价

在论证油气管道泄漏后果时，除了其泄漏爆炸影响范围外，风险值也是重要指标。

9.4　事故后果分析

9.4.1　事故后果伤害准则

1）冲击波超压准则

本节主要采用超压模型计算冲击波造成的死亡区、重伤区、轻伤区等半径。冲击波对人员伤害的超压准则见表9-18。

冲击波对人员伤害的超压准则　表9-18

超压ΔP（MPa）	损 伤 程 度
0.2～0.3	轻微挫伤
0.3～0.5	中等损伤：听觉器官损伤，内脏轻度出血、骨折等
0.5～1.0	严重：内脏严重损伤，可引起死亡
>1.0	严重：可能大部分死亡

死亡区内人员若缺少防护，则被认为将无例外地受到严重伤害或死亡；重伤区内人员则绝大多数将受到严重伤害，极少数人可能死亡或受轻伤；轻伤区内人员则绝大多数人员将受到轻微伤害，少数人将受重伤或平安无事，死亡的可能性极小。

死亡、重伤、轻伤、财产损失半径的计算准则为：

（1）死亡半径：外圆周处人员因冲击波作用导致肺出血而死亡的概率为50%，记为$R_{0.5}$。

（2）重伤半径：外圆周处人员因冲击波作用耳膜破裂的概率为50%，要求冲击波峰值超压为44000Pa，记为$R_{d0.5}$。

（3）轻伤半径：外圆周处人员因冲击波作用耳膜破裂的概率为1%，它要求的冲击波峰值超压为17000Pa，记为$R_{d0.01}$。

2）热辐射伤害准则

热辐射对人体的伤害主要是通过不同热辐射通量对人体所受的不同伤害程度来表示，伤害半径有一度烧伤(轻伤)半径、二度烧伤(重伤)半径、死亡半径三种,使用彼德森(Pietersen)提出的热辐射影响模型进行计算。热辐射对建筑物的影响直接取决于热辐射强度的大小及作用时间的长短,以引燃木材的热通量作为对建筑物破坏的热通量。不同热辐射值对人体的伤害和周围设施的破坏情况见表9-19。

不同热辐射值对人体的伤害及周围设施的破坏情况 表9-19

热辐射通量(kW/m^2)	人体伤害描述	周围设施破坏描述
37.5	在1min内100%的人死亡,10s内1%的人死亡	对周围设备造成损坏
25.0	在1min内100%的人死亡,10s内严重烧伤	没有引火,无限制长期暴露点燃木材的最小能量
12.5	1min内10%的人死亡,10s内1度烧伤	木材被引燃,塑料管熔化的最小能量
4.0	超过20s引起疼痛,但不会引起水泡	
1.6	长期接触不会有不适感	

死亡、重伤、轻伤半径的计算准则为:

(1)死亡半径:指人体死亡概率为0.5,或者一群人中有50%的人死亡时,人体(群)所在位置与火球中心的水平距离。

(2)重伤半径:指人体出现二度烧伤的概率为0.5,或者一群人中50%的人出现二度烧伤时,人体(群)所在位置与火球中心的水平距离。

(3)轻伤半径:指人体出现一度烧伤的概率为0.5,或者一群人中50%的人出现一度烧伤时,人体(群)所在位置与火球中心的水平距离。

根据彼德森(Pietersen)1990年提出的预测热辐射影响模型,皮肤裸露时的死亡概率为:

$$P_r = -36.38 + 2.56\ln(tq^{4/3}) \tag{9-11}$$

有衣服保护(20%皮肤裸露)时的死亡概率为:

二度烧伤概率:

$$P_r = -43.14 + 3.0188\ln(tq^{4/3}) \tag{9-12}$$

一度烧伤概率:

$$P_r = -39.83 + 3.0186\ln(tq^{4/3}) \tag{9-13}$$

式中:q——人体接收到的热通量(W/m^2);

t——人体暴露于热辐射的时间(s);

P_r——人员死亡概率。

同裸露人体的情况相比,由于服装的防护作用,人体实际接收的热辐射强度有所减少,人体实际接收的热辐射强度q_c为:

$$q_c = \beta q \tag{9-14}$$

式中:β——有服装保护时人体的热接收率,这里取0.4。

9.4.2　事故后果模拟计算结果及分析

根据本工程所在城市气象局发布的 2014 年气候公报，2014 年该城市年平均气温 23.2℃，全年平均相对湿度 73%，全年平均风速为 2.1m/s，分频玫瑰图如图 9-13 所示。

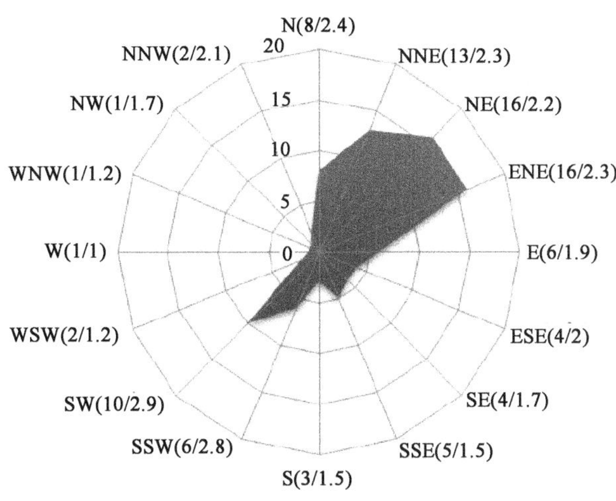

图 9-13　2014 年分频玫瑰图（风向频率单位：%，平均风速单位：m/s）

分别计算 DP 高压天然气管道及 SZ 燃气管道不同泄漏模式下的蒸气云爆炸、ZSH 高压管道不同泄漏模式下的池火灾后果，见表 9-20。

事故后果计算结果　　表 9-20

序号	危险源	灾害模式	泄漏模式	死亡半径（m）	重伤半径（m）	轻伤半径（m）
1	DP 高压天然气管道	蒸气云爆炸	管道小孔泄漏	37	65	108
			管道中孔泄漏	96	164	276
			管道完全破裂	143	253	417
2	SZ 燃气管道	蒸气云爆炸	管道小孔泄漏	24	42	72
			管道中孔泄漏	49	83	141
			管道完全破裂	49	83	141
3	ZSH 石油高压管道	池火灾	管道小孔泄漏	55	65	92
			管道中孔泄漏	161	187	258
			管道完全破裂	161	187	258

事故后果影响范围示意图如图 9-14 ~ 图 9-22 所示。由模拟计算结果可知，一旦发生管道泄漏而引发的池火灾或者蒸气云爆炸，即使是小孔泄漏，其影响范围也会波及地铁车辆基地。

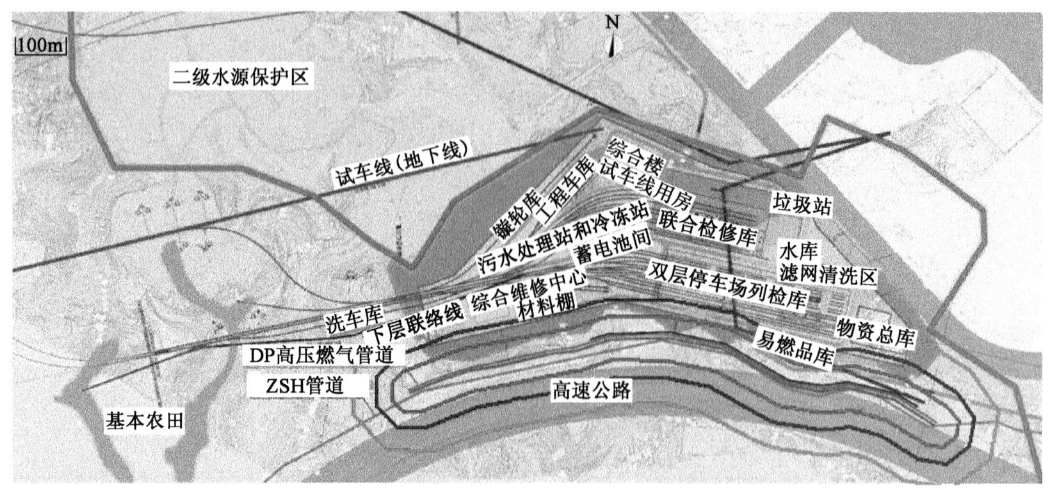

图 9-14　DP 高压天然气管道小孔泄漏蒸气云爆炸事故后果图

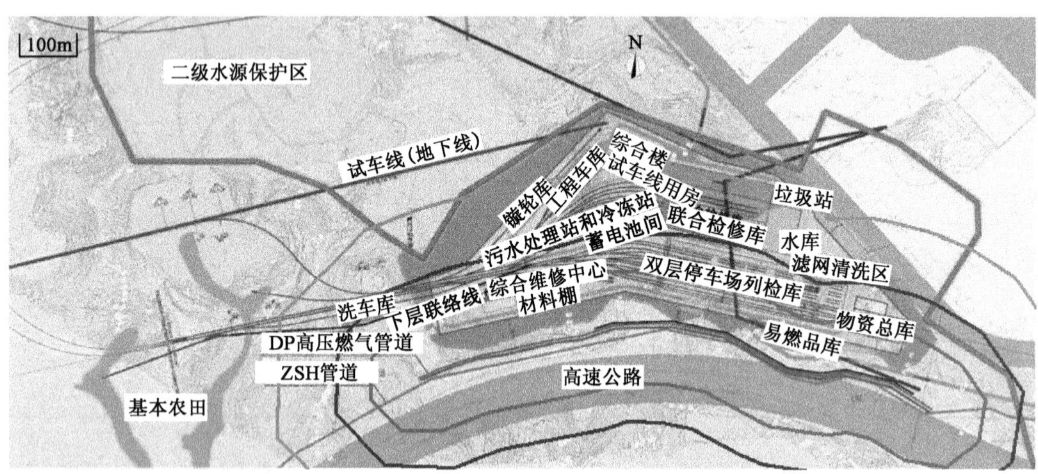

图 9-15　DP 高压天然气管道中孔泄漏蒸气云爆炸事故后果图

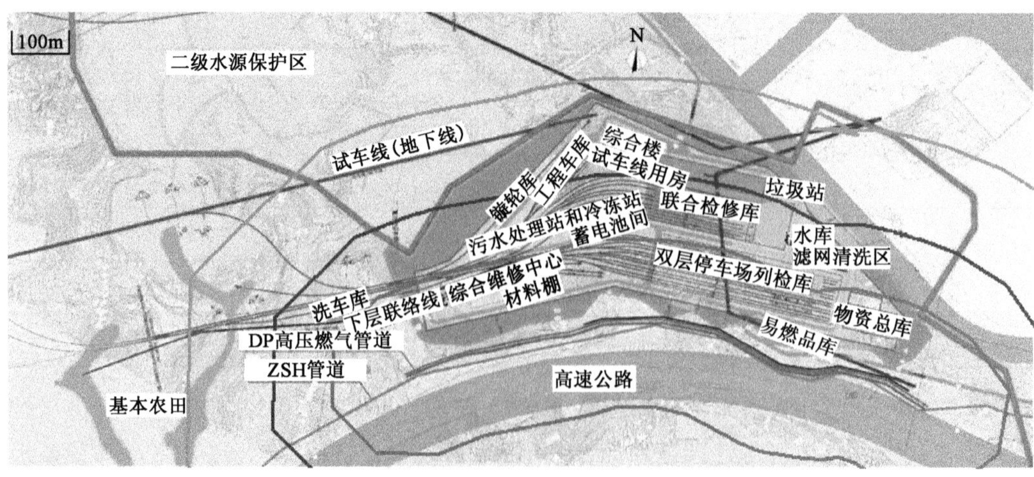

图 9-16　DP 高压天然气管道完全破裂蒸气云爆炸事故后果图

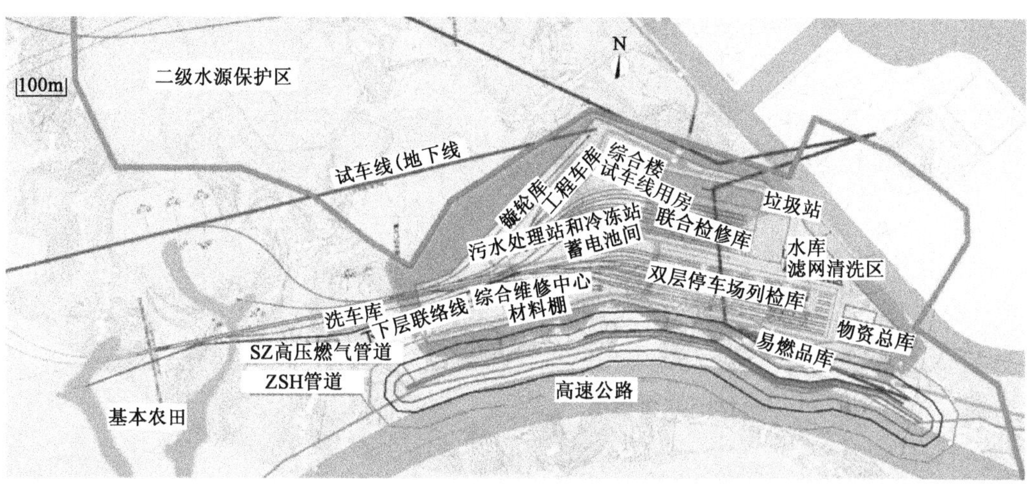

图 9-17 SZ 燃气管道小孔泄漏蒸气云爆炸事故后果图

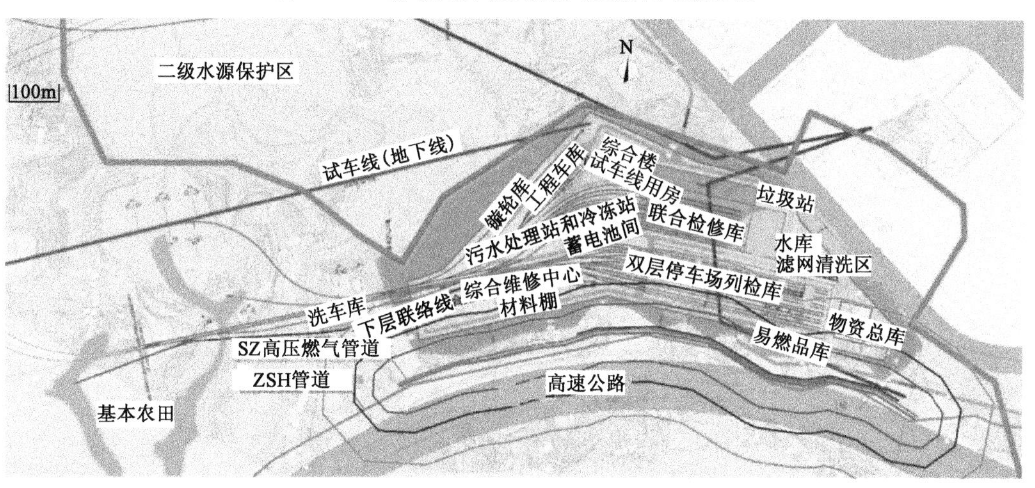

图 9-18 SZ 燃气管道中孔泄漏蒸气云爆炸事故后果图

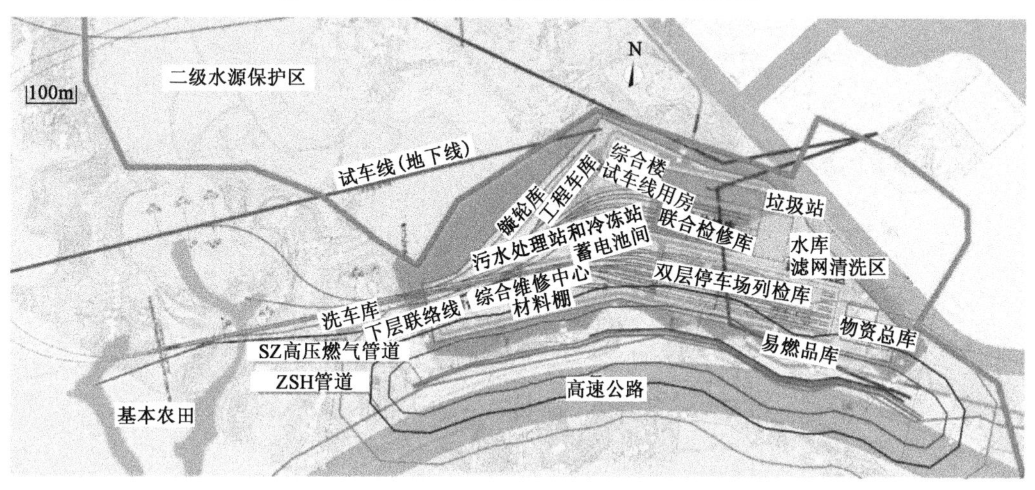

图 9-19 SZ 燃气管道完全破裂蒸气云爆炸事故后果图

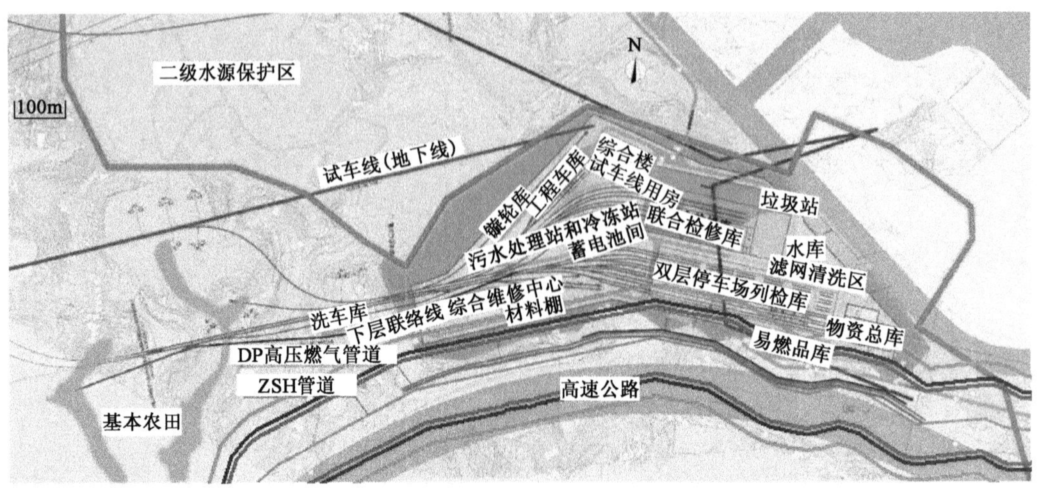

图 9-20 ZSH 石油高压管道小孔泄漏池火灾事故后果图

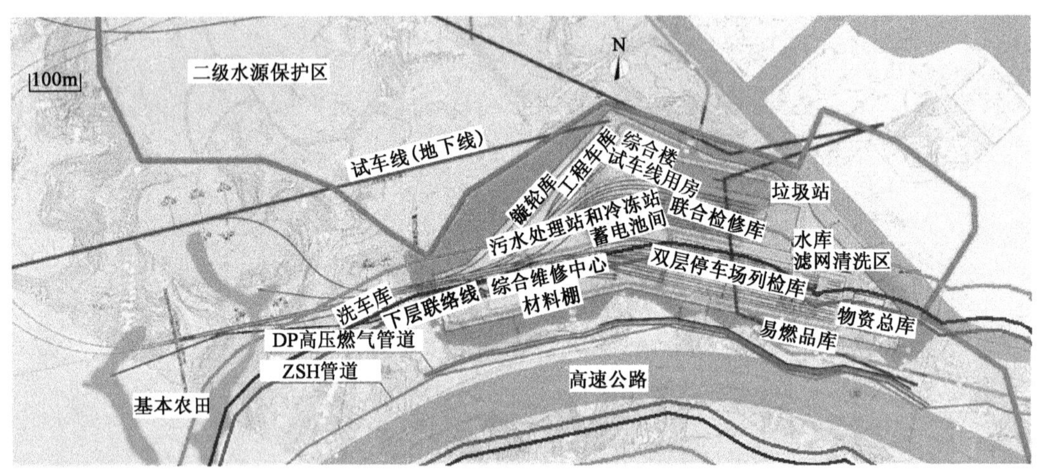

图 9-21 ZSH 石油高压管道中孔泄漏池火灾事故后果图

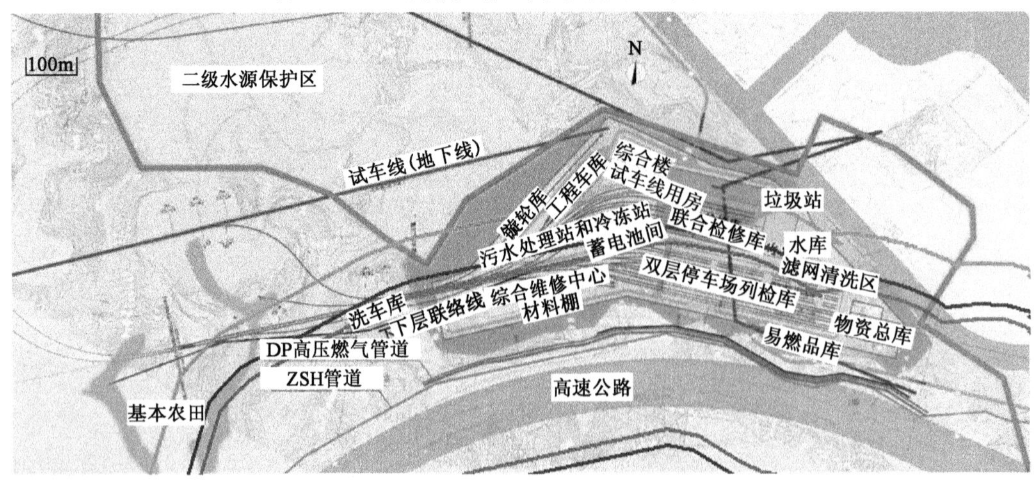

图 9-22 ZSH 石油高压管道完全断裂池火灾事故后果图

9.5 事故后果的概率分析

设备设施的泄漏是导致火灾、爆炸、中毒等事故发生的根源,因此需对基础泄漏概率进行分析。此外,易燃易爆气体泄漏后,会因摩擦、火花或附近的高温物体、明火等直接点燃。如果没有被直接点燃,也可能在蒸气云扩散过程中遇到合适的点火源发生延时点火,产生不同的事故后果。

基础泄漏概率主要通过对事故的统计分析得到。本评价主要参考挪威船级社(DNV)、英国健康和安全局(HSE)、美国化工过程安全中心(CCPS)等研究机构的类似数据库,并根据石油化工装置的一般运行状况进行修正。

本报告在参考DNV、HSE、CCPS等类似数据库的基础上,根据危险源是否包括压力容器、管道、泵、压缩机、换热器、阀门等确定危险源的基础泄漏频率。根据设备设施泄漏模式,主要确定以下几种孔径的泄漏频率:

(1)小孔泄漏:20mm。

(2)中孔泄漏:80mm。

(3)大孔泄漏(全管径破裂):大于150mm。

不同孔径泄漏的概率可按式(9-15)计算:

$$F_{\text{total}} = 3.7 \times 10^{-5}(1 + 1000D^{-1.5})d^{-0.74} + 3 \times 10^{-6} \tag{9-15}$$

式中:F_{total}——设定管径的泄漏概率(次/年);

D——设备或管道的直径(mm);

d——设定泄漏孔的直径(mm)。

表9-21列举了本工程包括的3个主要危险源不同泄漏模式下的泄漏概率。

主要危险源的泄漏概率 表9-21

序号	危险源名称	泄漏模式	泄漏概率
1	DP高压天然气管道	管道小孔泄漏	1.43×10^{-6}
		管道中孔泄漏	1.00×10^{-6}
		管道全管径破裂	1.00×10^{-8}
2	SZ燃气管道	管道小孔泄漏	1.40×10^{-6}
		管道中孔泄漏	9.70×10^{-7}
		管道全管径破裂	1.00×10^{-8}
3	ZSH石油高压管道	管道小孔泄漏	1.32×10^{-6}
		管道中孔泄漏	8.88×10^{-7}
		管道全管径破裂	2.00×10^{-8}

9.6 定量风险评价

9.6.1 风险容许标准

风险并不是越低越好,因为降低风险需要采取措施,措施的实施需要付出代价,因此通常需要定义一个风险可接受准则,将风险限制在一个可接受的水平。风险接受准则表示了在规定时间内或某一行为阶段可接受的总体风险等级,并为风险分析以及制定风险减缓措施提供参考依据。

目前,工业界一般采用 ALARP(As Low As Reasonable Practice,最低合理平行)原则作为唯一可接受原则。ALARP 原则通过两个风险分界线将风险划分为 3 个区域,即不可接受区、合理可行的最低限度区(ALARP)和广泛接受区。两个风险分界线分别是可接受风险水平线和可忽略风险水平线。ALARP 原则的核心是风险在合理可行的情况下应尽可能地低,只有当降低风险不可行时,或投入的资金与降低的风险非常不相称时,风险才是可容忍的。

1)个人风险容许标准

个人风险容许标准(LSIR)表明危险源附近的目标人群是否可暴露于某一风险水平以上。通常给出可容许风险的上限和下限值,上限是可容许基准,风险值高于可容许基准,必须进行整改;下限是可忽略基准,风险值低于可忽略基准,则可无须进行任何改善,接受此风险;若风险值介于两者之间,则可根据事件的优先顺序进行改善。个人风险容许标准的确定主要基于目标人群的聚集程度、对风险的敏感性、暴露的可能性、撤离的难易程度等,不同目标人群的可接受风险不同。本项目考虑的主要目标人群如下。

(1)高敏感或高密度场所:例如党政机关、军事禁区、军事管理区、名胜古迹、学校、医院、敬老院、居民区、大型体育场馆、大型商场、影剧院、大型宾馆饭店等。

(2)中密度场所:例如零星居民区、办公场所、劳动密集型工厂、小型商场(商店)以及小型体育及文化娱乐场所等。

(3)低密度场所:例如技术密集型工厂、公园、广场等。

目前,我国没有制定个人风险容许标准,国外一些国家如英国、美国、荷兰、挪威、澳大利亚、新加坡、马来西亚等,均制定了个人风险容许标准。根据《城市公共安全规划与应急预案编制关键技术研究》科技攻关项目成果,本书拟采用的个人风险容许标准见表 9-22 和图 9-23。

本书拟采用的个人风险标准　　表 9-22

应用对象	典型对象	最大可容许风险(每年)	标准说明
高敏感或高密度场所	党政机关、军事禁区、军事管理区、名胜古迹、学校、医院、敬老院、居民区、大型体育场馆、大型商场、影剧院、大型宾馆饭店等	1×10^{-6}	在高敏感或高密度场所不接受 1×10^{-6} 的个人风险,1×10^{-6} 每年的个人风险等值线不应进入该区域

混凝土结构参数 表 10-3

ρ(kg/m³)	G(GPa)	f_c(MPa)	A	B	C	N	S_{max}	D_1	D_2	$\varepsilon_{f,min}$
1990	14.86	48.0	0.79	1.60	0.007	0.61	7.0	0.04	1.0	0.01
T(MPa)	P_c(MPa)	μ_c	P_1(GPa)	μ_1	k_1(GPa)	k_2(GPa)	k_3(GPa)	$\dot{\varepsilon}_0$		
4	16.0	0.001	0.81	0.1	85.0	-171.0	208.0	1×10^{-6}		

DYNA 程序描述高能炸药爆轰产物压力—体积关系采用 JWL 状态方程。炸药爆轰产物的单元压力 P 由状态方程求得,JWL 状态方程的 P-V 关系为:

$$P = A\left(1 - \frac{\omega}{R_1}\right)e^{-R_1V} + B\left(1 - \frac{\omega}{R_2V}\right)e^{-R_2V} + \frac{\omega E_0}{V} \tag{10-1}$$

式中: V——相对体积;

E_0——初始内能密度,是与爆热成正比的常量;

A、B、R_1、R_2、ω——试验确定的常数。

TNT 炸药参数见表 10-4。

TNT 炸药参数 表 10-4

ρ(kg/m³)	D(m/s)	P_{cj}(GPa)	A(GPa)	B(GPa)	R_1	R_2	ω	E_0(GPa)
1640	6930	27.0	374.0	3.23	4.15	0.95	0.3	7.0

2)数值模型的计算分析

对模型进行模拟计算,得到了各个模型的有效应力分布云图和单元有效应力时程曲线。经过处理得到各模型典型时刻的爆炸有效应力分布云图、不同特殊位置单元的有效应力时程曲线、速度及加速度时程曲线。模型计算时间都在 200000μs 以上,即 200ms 以上,充分满足爆破对管道作用的时间要求。下面为具体的模拟分析结果。

(1)2mm 裂缝模型计算结果

爆破模拟计算结果和压力分布云图如图 10-3 ~ 图 10-6 所示,爆坑断面图如图 10-7 所示。

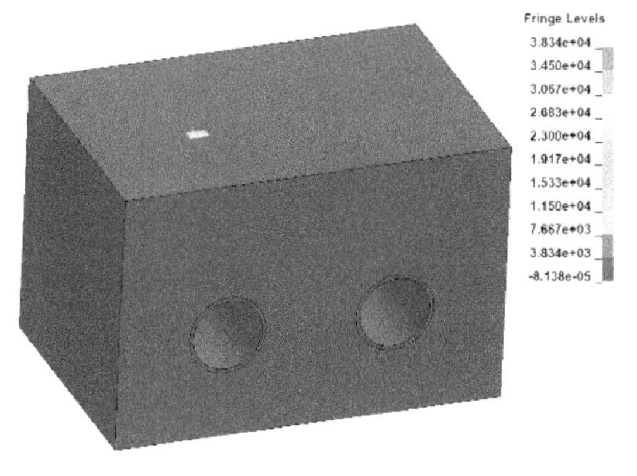

图 10-3 400μs 压力云图

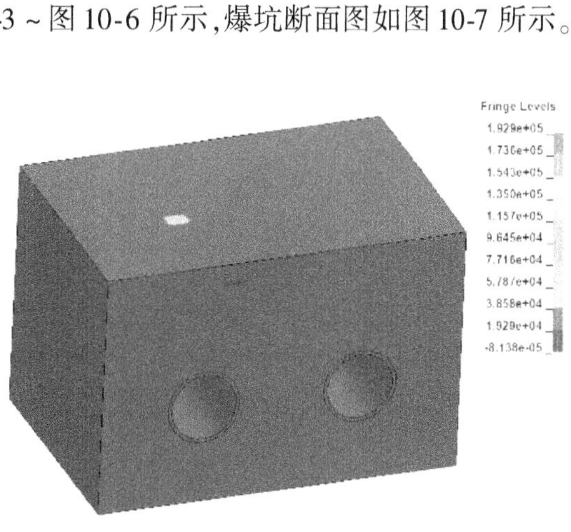

图 10-4 800μs 压力云图

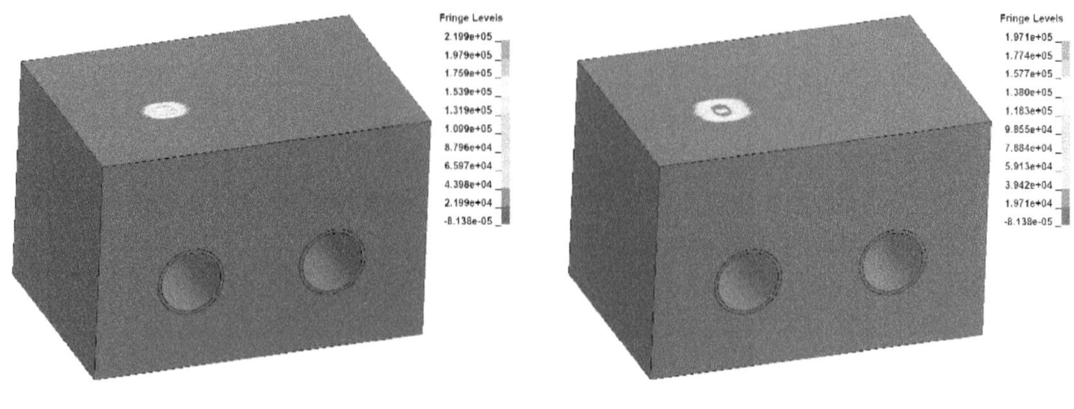

图 10-5　1800μs 压力云图　　图 10-6　3000μs 压力云图

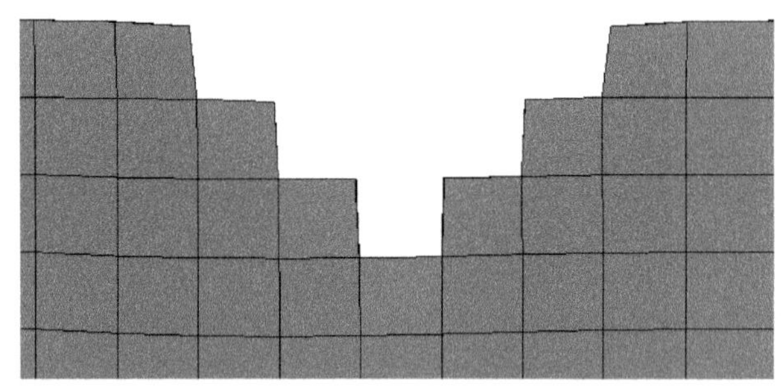

图 10-7　爆坑断面图

经等比例测量，贴地 TNT 爆炸生成直径约为 1.9m、深度 1.0m 的爆坑。

区间隧道钢筋混凝土结构的 von Mises 应力分布云图如图 10-8 ~ 图 10-13 所示。

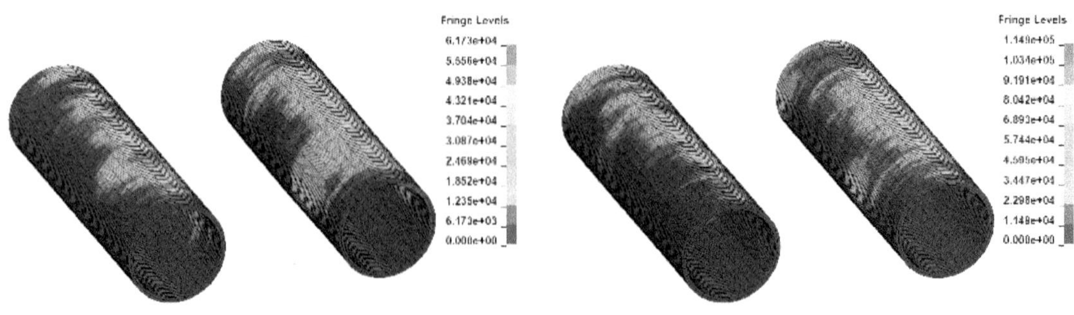

图 10-8　2000μs von Mises 应力云图　　图 10-9　3000μs von Mises 应力云图

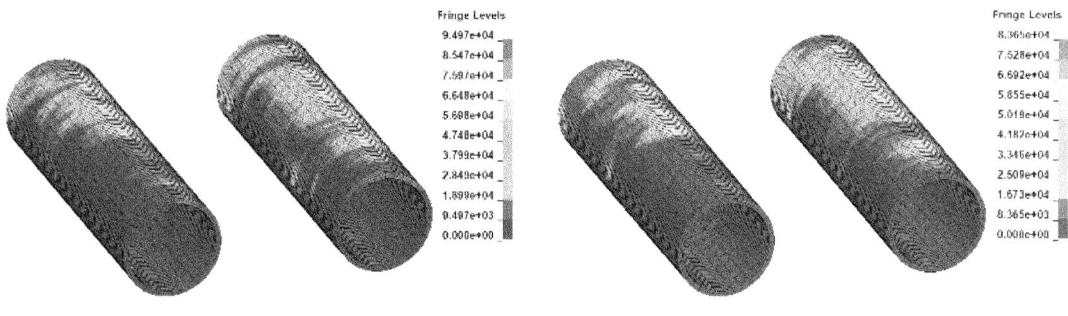

图 10-10　5400μs von Mises 应力云图

图 10-11　6000μs von Mises 应力云图

图 10-12　8000μs von Mises 应力云图

图 10-13　15000μs von Mises 应力云图

在整个爆炸瞬态期间，混凝土结构的 von Mises 应力始终在 0.2MPa 以下，远小于混凝土结构的抗压强度，混凝土结构未发生破坏。

在区间隧道正对 TNT 断面按以下位置选取监测点，得到各点的 x 向、y 向振动速度，如图 10-14 ~ 图 10-16 所示。

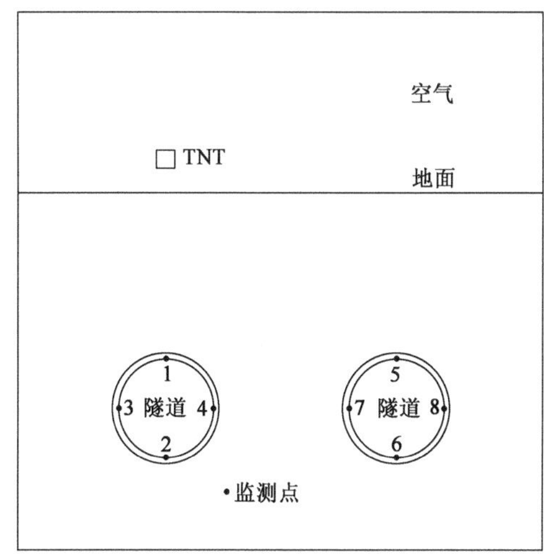

图 10-14　区间隧道振动速度监测点选取示意图

根据各点振动速度可知,正对炸药处,区间隧道的 x 向最大振动速度为0.35cm/s,区间隧道的 y 向最大振动速度为1.0cm/s。

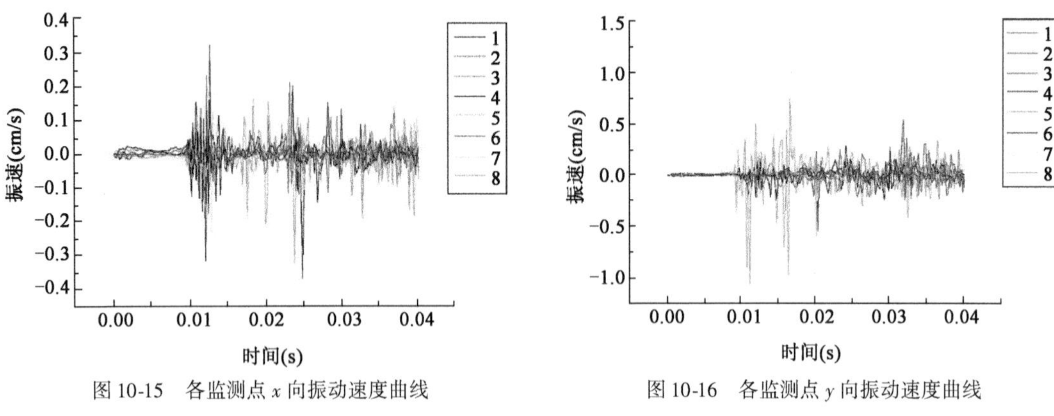

图10-15　各监测点 x 向振动速度曲线

图10-16　各监测点 y 向振动速度曲线

(2)6mm 裂缝模型计算结果

爆破模拟计算结果和压力分布云图如图10-17～图10-20所示,爆坑断面图如图10-21所示。

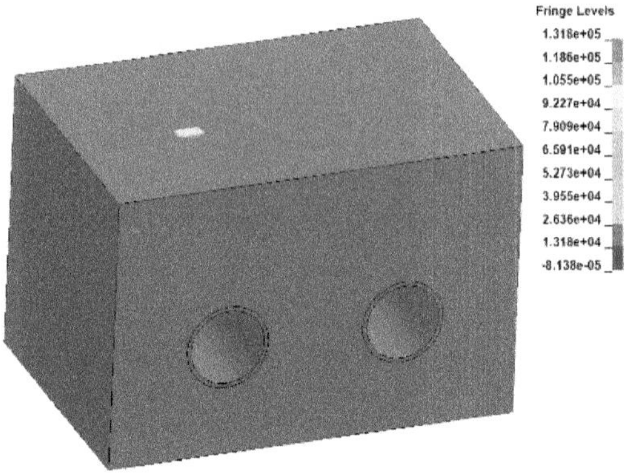

图10-17　400μs 压力云图

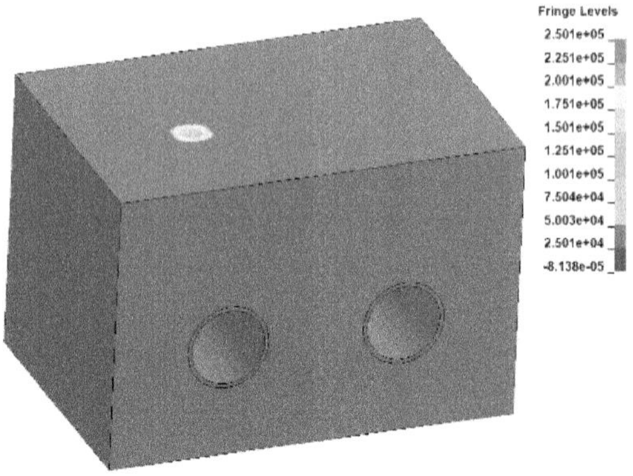

图10-18　800μs 压力云图

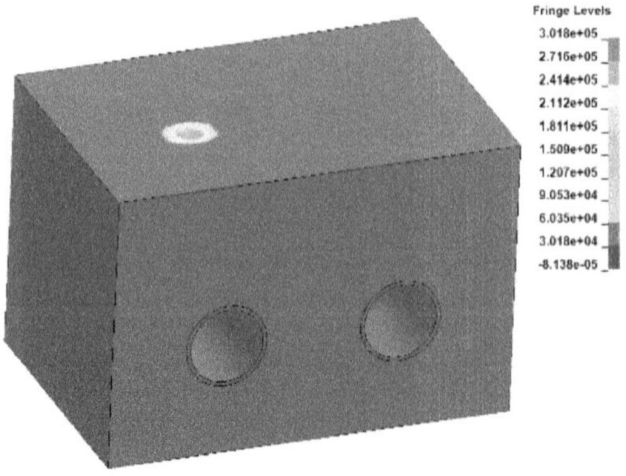

图10-19　1200μs 压力云图

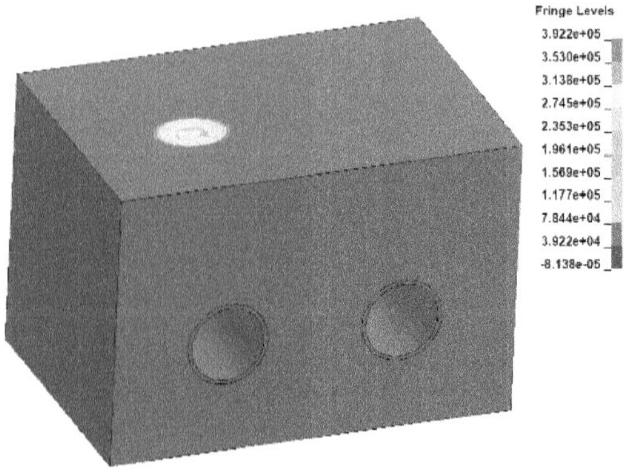

图10-20　1600μs 压力云图

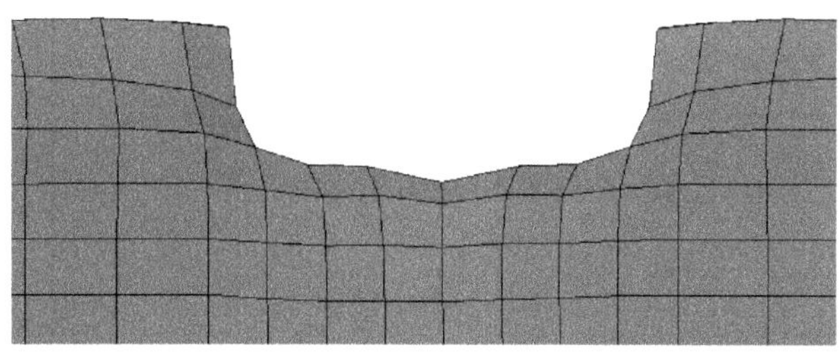

图 10-21　爆坑断面图

经等比例测量,近地 TNT 爆炸生成直径为 2.7m、深度 1.0m 的爆坑。

区间隧道钢筋混凝土结构的 von Mises 应力分布云图如图 10-22 ~ 图 10-27 所示。

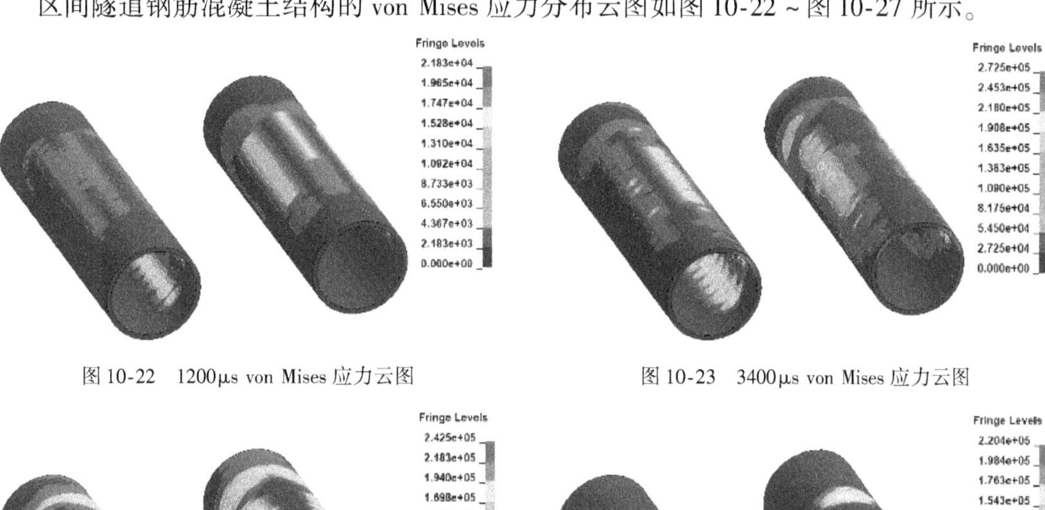

图 10-22　1200μs von Mises 应力云图　　图 10-23　3400μs von Mises 应力云图

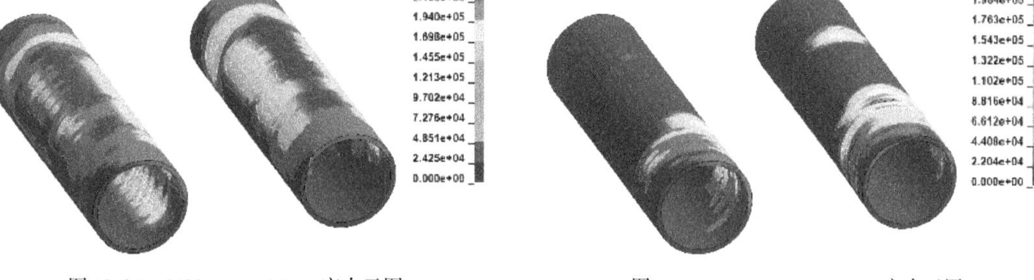

图 10-24　5400μs von Mises 应力云图　　图 10-25　7000μs von Mises 应力云图

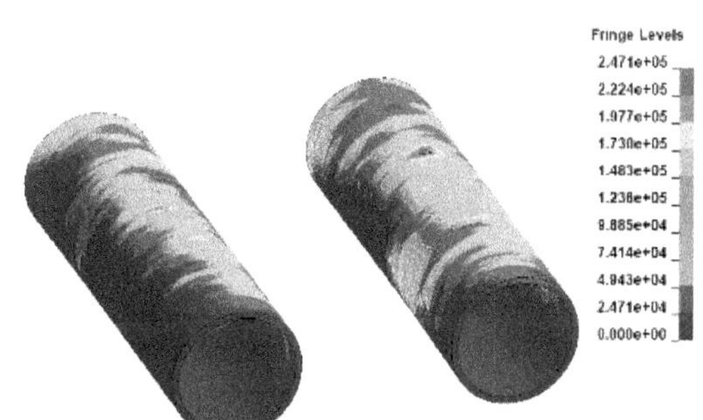

图 10-26　9600μs von Mises 应力云图　　图 10-27　23800μs von Mises 应力云图

在整个爆炸瞬态,混凝土结构的 von Mises 应力始终在 0.3MPa 以下,远小于混凝土结构的抗压强度,混凝土结构未发生破坏。

在区间隧道选取监测点(位置同上),得到各点的 x 向、y 向振动速度,如图 10-28 和图 10-29 所示。

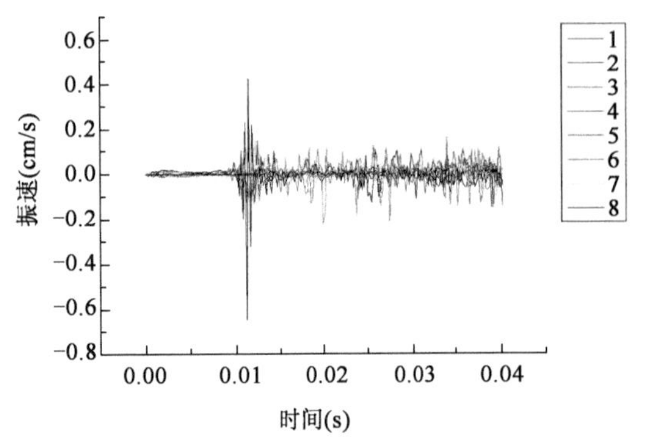

图 10-28　各监测点 x 向振动速度曲线

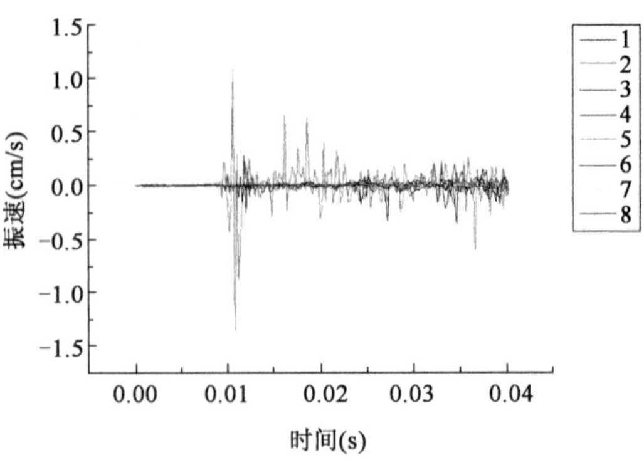

图 10-29　各监测点 y 向振动速度曲线

根据各监测点振动速度可知,正对炸药处,区间隧道的 x 向最大振动速度为 0.65cm/s,区间隧道的 y 向最大振动速度为 1.35cm/s。

(3)20mm 裂缝模型计算结果

爆破模拟计算结果和压力分布云图如图 10-30 ~图 10-33 所示,爆坑断面图如图 10-34 所示。

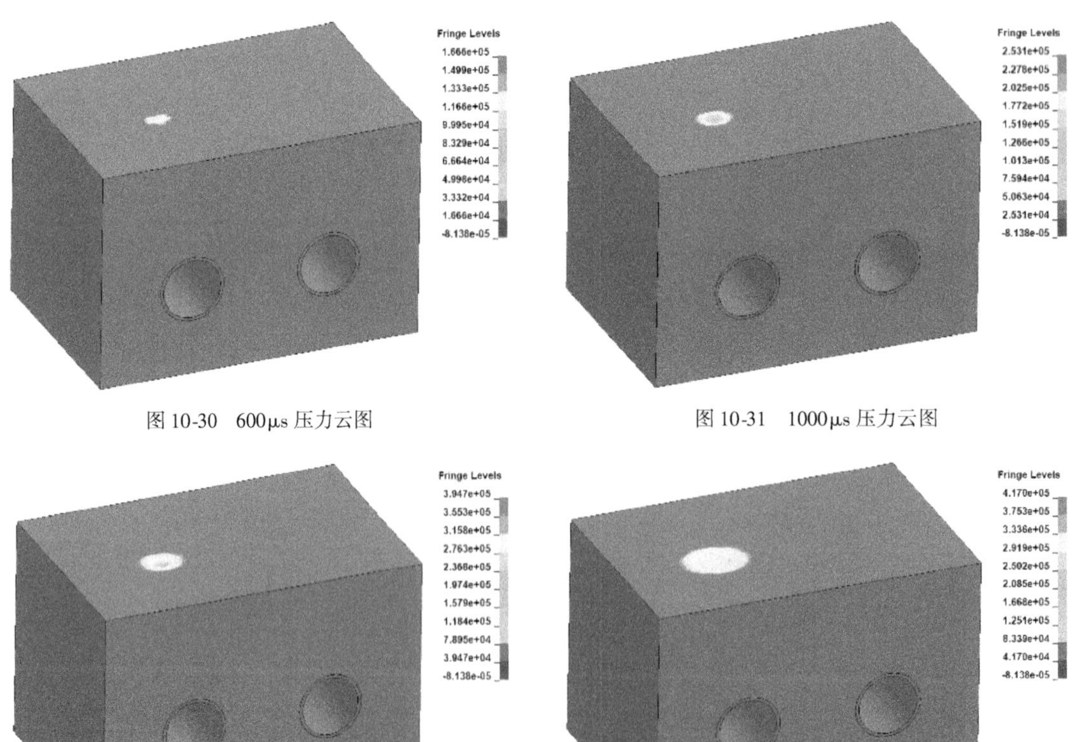

图 10-30　600μs 压力云图

图 10-31　1000μs 压力云图

图 10-32　1400μs 压力云图

图 10-33　2600μs 压力云图

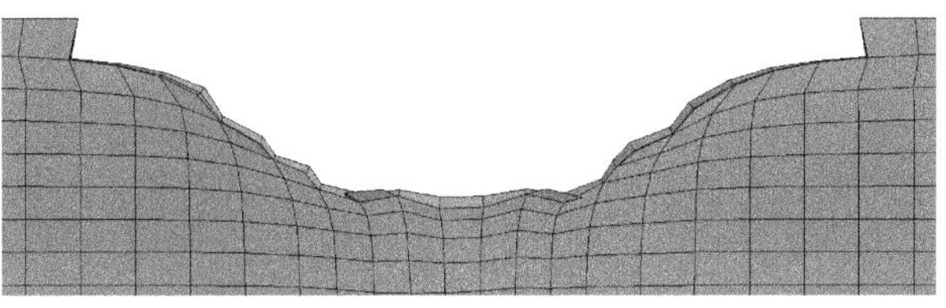

图 10-34　爆坑断面图

经等比例测量,近地 TNT 爆炸生成直径为 8.2m、深度 1.7m 的爆坑。

区间隧道钢筋混凝土结构的 von Mises 应力分布云图如图 10-35 ~ 图 10-40 所示。

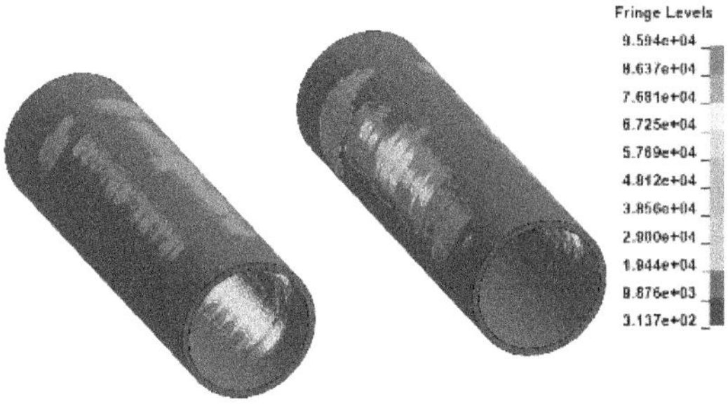

图 10-35　1400μs von Mises 应力云图

图 10-36　3600μs von Mises 应力云图

图 10-37　5600μs von Mises 应力云图

图 10-38　7400μs von Mises 应力云图

图 10-39　12000μs von Mises 应力云图

图 10-40　24000μs von Mises 应力云图

在整个爆炸瞬态,混凝土结构的 von Mises 应力始终在 0.3MPa 以下,远小于混凝土结构的抗压强度,混凝土结构未发生破坏。

在区间隧道选取监测点(位置同上),得到各点的 x 向、y 向振动速度,如图 10-41 和图 10-42所示。

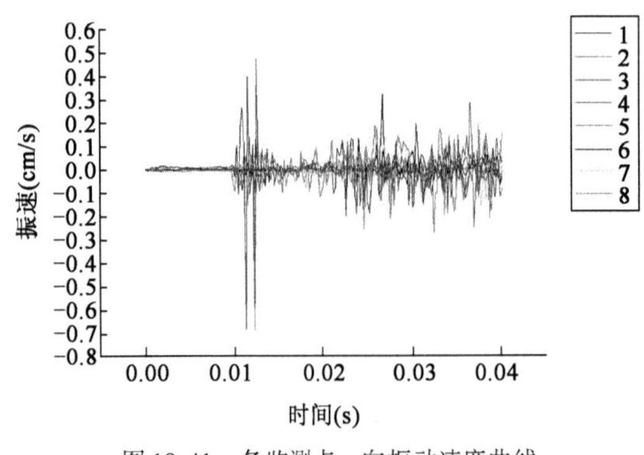

图 10-41 各监测点 x 向振动速度曲线

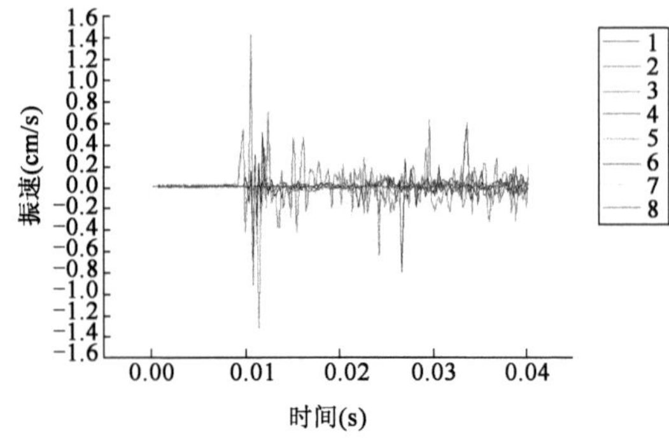

图 10-42 各监测点 y 向振动速度曲线

根据各监测点振动速度可知,正对炸药处,区间隧道的 x 向最大振动速度为 0.7cm/s,区间隧道的 y 向最大振动速度为 1.4cm/s。

(4)50mm 裂缝模型计算结果

爆破模拟计算结果和压力分布云图如图 10-43 ~ 图 10-46 所示,爆坑断面图如图 10-47 所示。

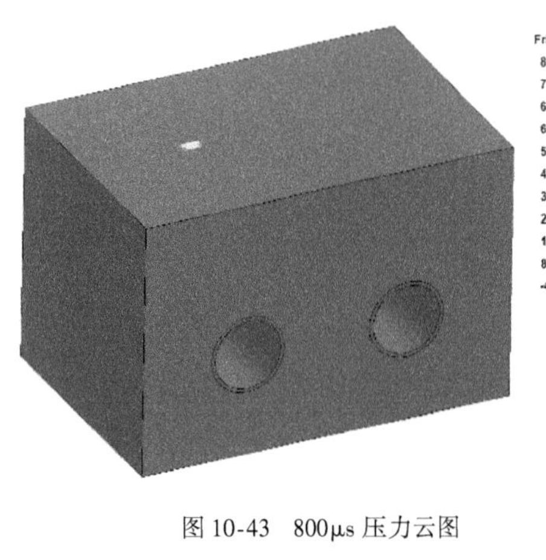

图 10-43 800μs 压力云图

图 10-44 1200μs 压力云图

图 10-45 1600μs 压力云图

图 10-46 2800μs 压力云图

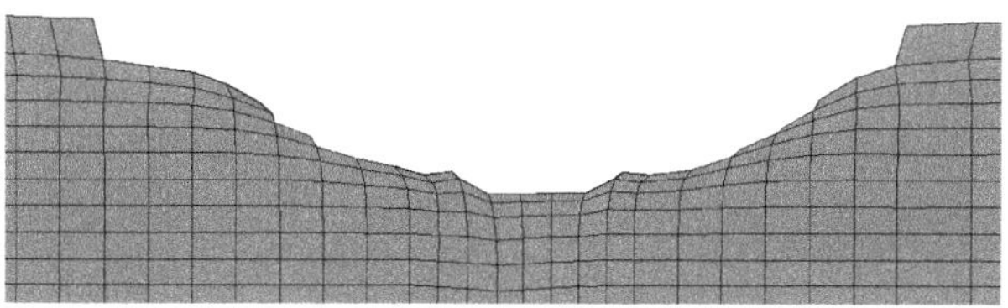

图 10-47 爆坑断面图

经等比例测量,近地 TNT 爆炸生成直径 11m、深度 2m 的爆坑。

区间隧道钢筋混凝土结构的 von Mises 应力分布云图如图 10-48 ~ 图 10-53 所示。

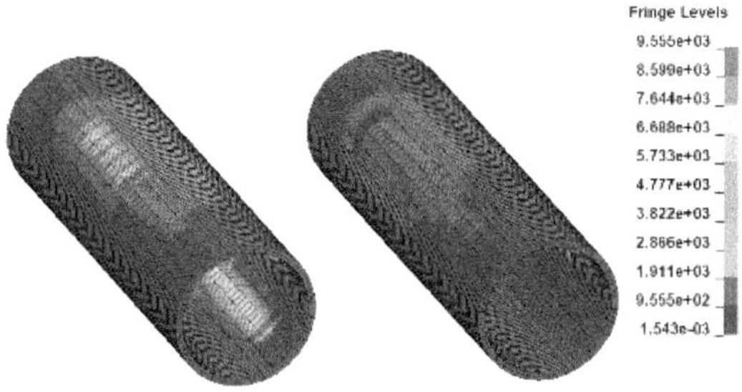

图 10-48 1600μs von Mises 应力云图

图 10-49 3600μs von Mises 应力云图

图 10-50 5600μs von Mises 应力云图

图 10-51 7400μs von Mises 应力云图

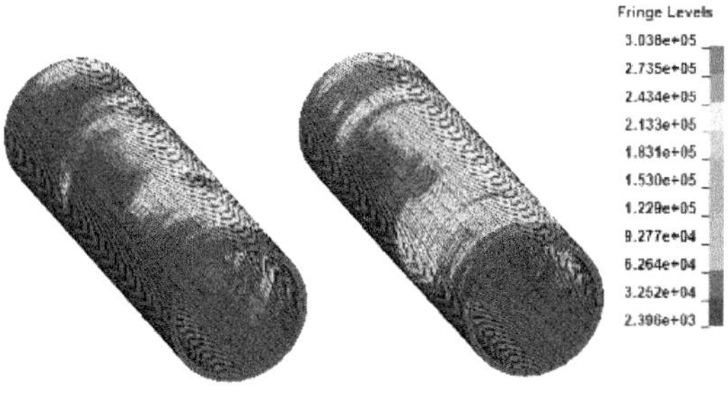

图 10-52 12000μs von Mises 应力云图

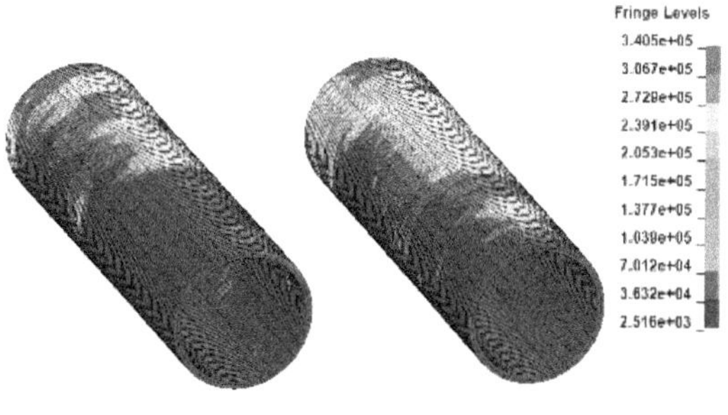

图 10-53 24000μs von Mises 应力云图

在整个爆炸瞬态,混凝土结构的 von Mises 应力始终在 0.4MPa 以下,远小于混凝土结构的抗压强度,混凝土结构未发生破坏。

在区间隧道选取监测点(位置同上),得到各点的 x 向、y 向振动速度,如图 10-54 和图 10-55 所示。

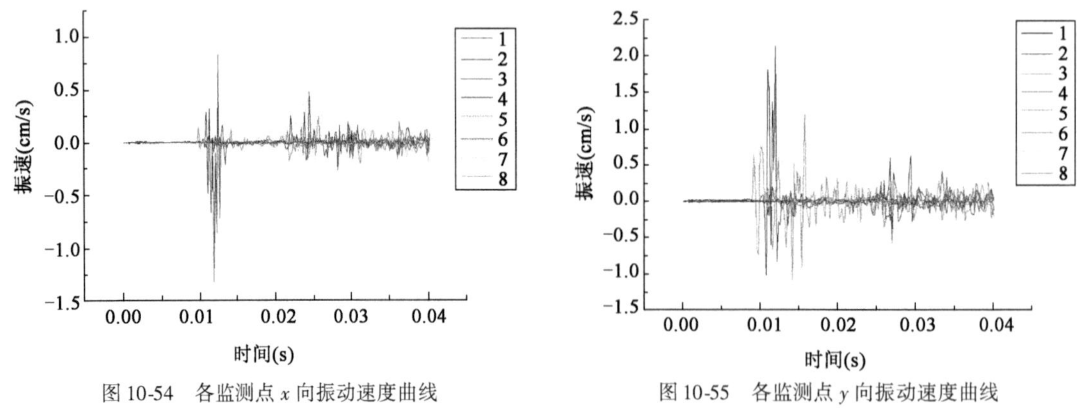

图 10-54　各监测点 x 向振动速度曲线

图 10-55　各监测点 y 向振动速度曲线

根据各监测点振动速度可知，正对炸药处，区间隧道的 x 向最大振动速度为 1.3cm/s，区间隧道的 y 向最大振动速度为 2.2cm/s。

(5)80mm 裂缝模型计算结果

爆破模拟计算结果和压力分布云图如图 10-56 ~ 图 10-59 所示，爆坑断面图如图 10-60 所示。

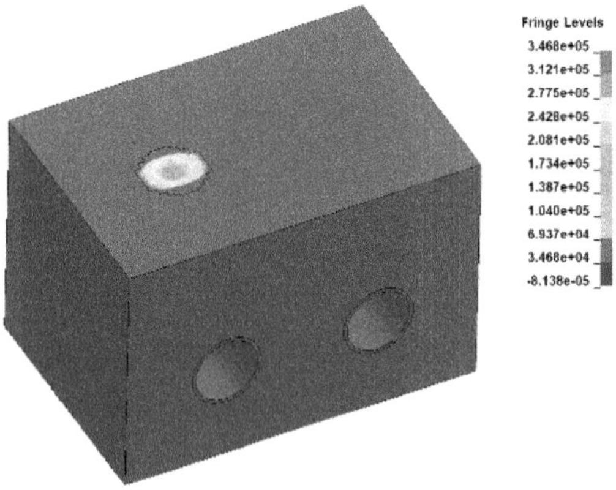

图 10-56　800μs 压力云图

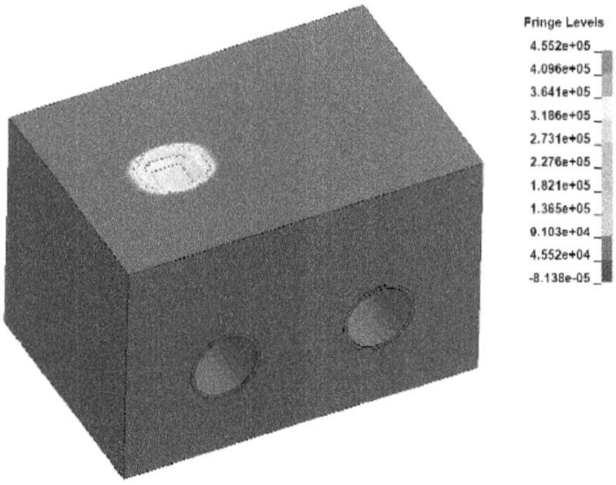

图 10-57　1200μs 压力云图

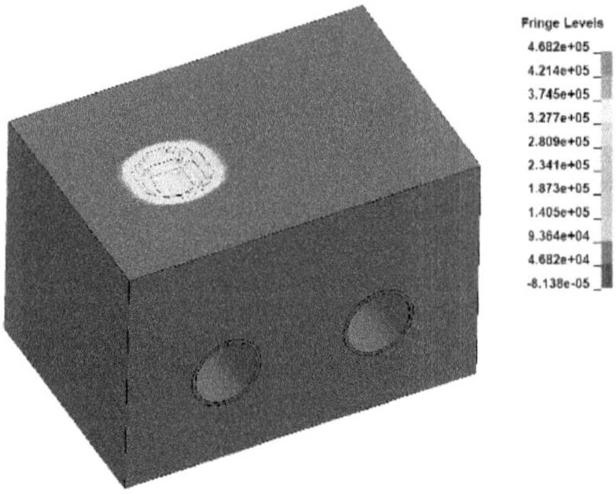

图 10-58　1600μs 压力云图

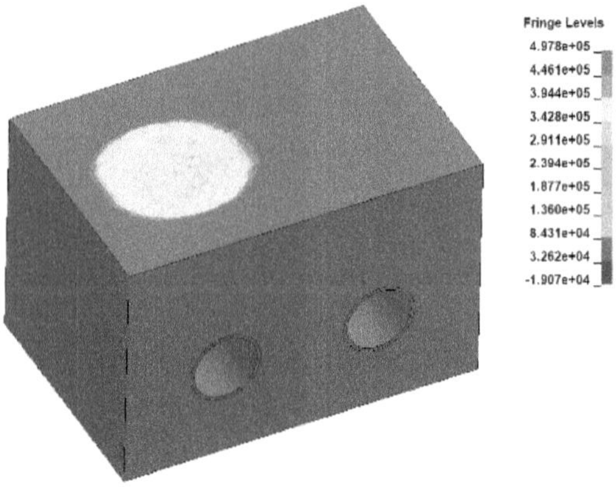

图 10-59　2800μs 压力云图

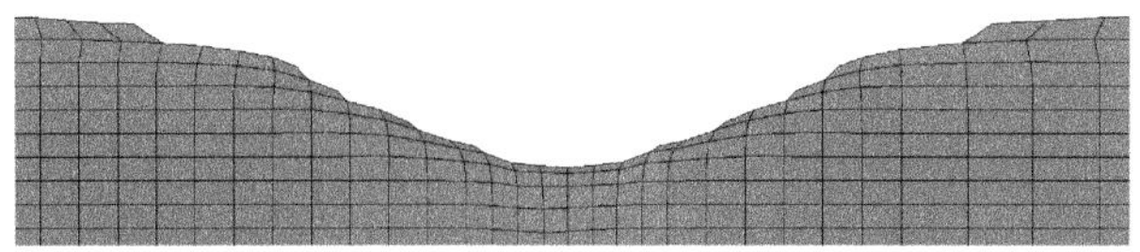

图 10-60　爆坑断面图

经等比例测量,近地 TNT 爆炸生成直径 12.8m、深度 1.8m 的爆坑。

区间隧道钢筋混凝土结构的 von Mises 应力分布云图如图 10-61 ~ 图 10-66 所示。

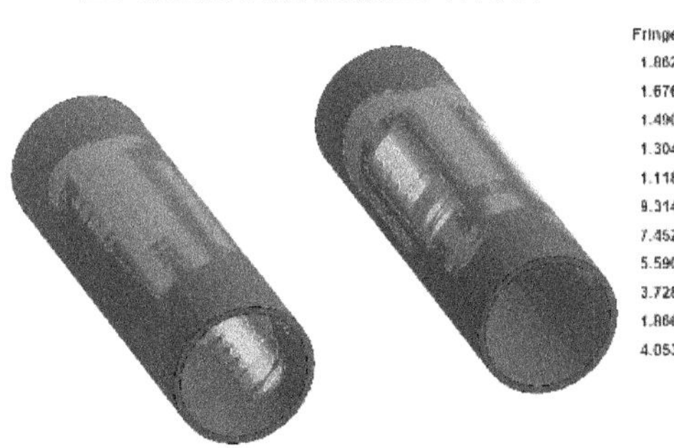

图 10-61　1600μs von Mises 应力云图

图 10-62　3600μs von Mises 应力云图

图 10-63　5600μs von Mises 应力云图

图 10-64　7400μs von Mises 应力云图

图 10-65　12000μs von Mises 应力云图

图 10-66　24000μs von Mises 应力云图

在整个爆炸瞬态,混凝土结构的 von Mises 应力始终在 0.4MPa 以下,远小于混凝土结构的抗压强度,混凝土结构未发生破坏。

在区间隧道选取监测点(位置同上),得到各点的 x 向、y 向振动速度,如图 10-67 和图 10-68所示。

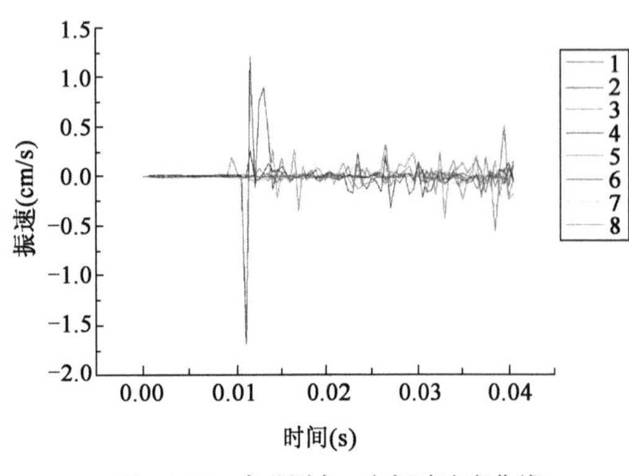

图 10-67　各监测点 x 向振动速度曲线

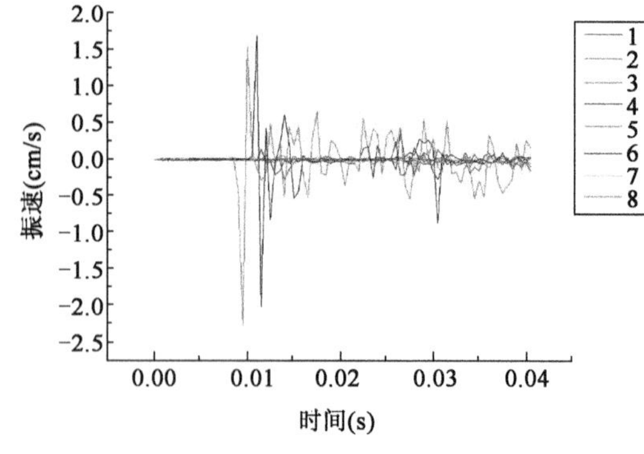

图 10-68　各监测点 y 向振动速度曲线

根据各监测点振动速度可知,正对炸药处,区间隧道的 x 向最大振动速度为 1.7cm/s,区间隧道的 y 向最大振动速度为 2.25cm/s。

(6)120mm 裂缝模型计算结果

爆破模拟计算结果和压力分布云图如图 10-69 ~ 图 10-72 所示,爆坑断面图如图 10-73 所示。

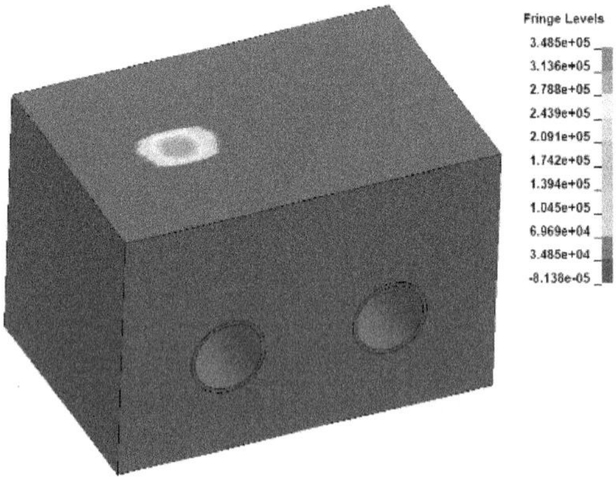

图 10-69　400μs 压力云图

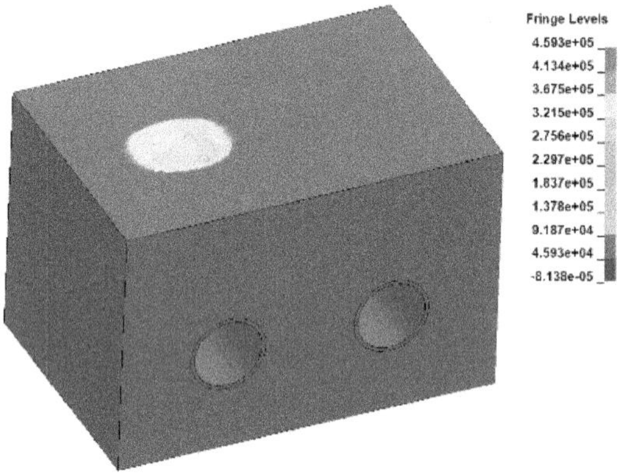

图 10-70　800μs 压力云图

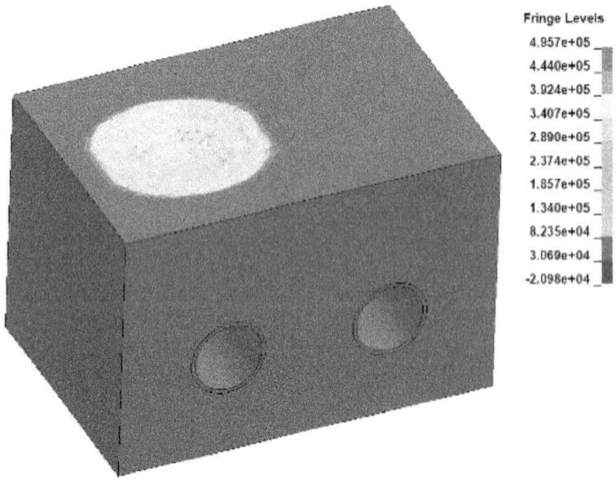

图 10-71　1200μs 压力云图

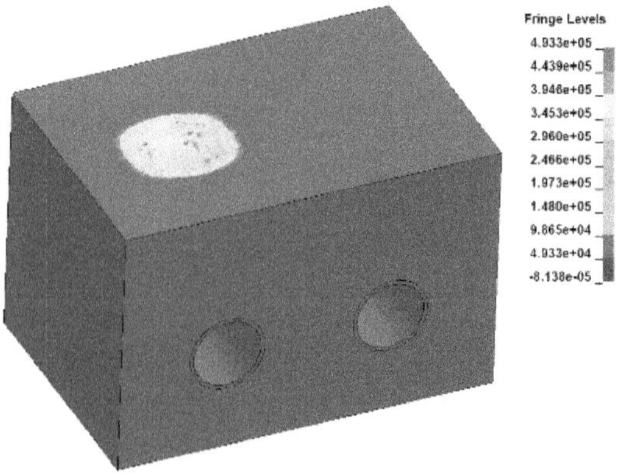

图 10-72　1600μs 压力云图

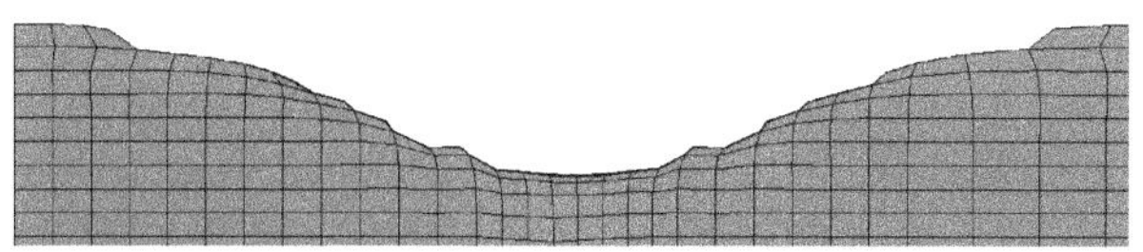

图 10-73　爆坑断面图

经等比例测量,近地 TNT 爆炸生成直径 14.0m、深度 2.0m 的爆坑。

区间隧道钢筋混凝土结构的 von Mises 应力分布云图如图 10-74 ~ 图 10-79 所示。

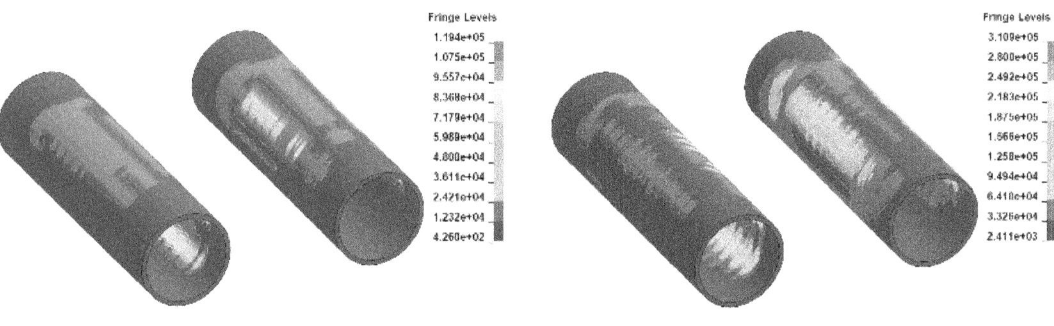

图 10-74　1600μs von Mises 应力云图　　图 10-75　3600μs von Mises 应力云图

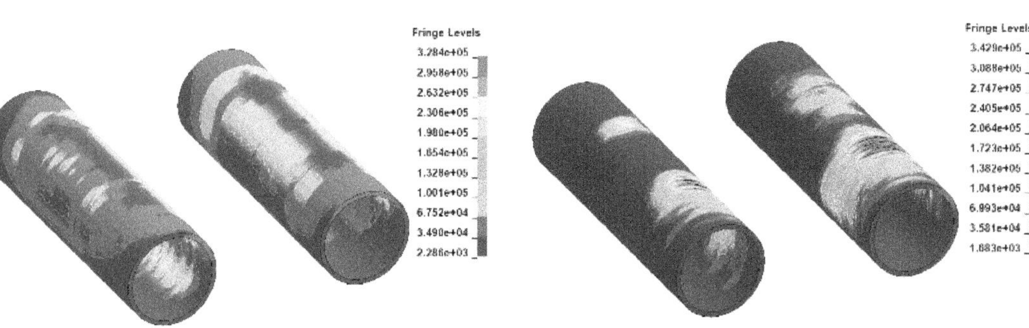

图 10-76　5600μs von Mises 应力云图　　图 10-77　7400μs von Mises 应力云图

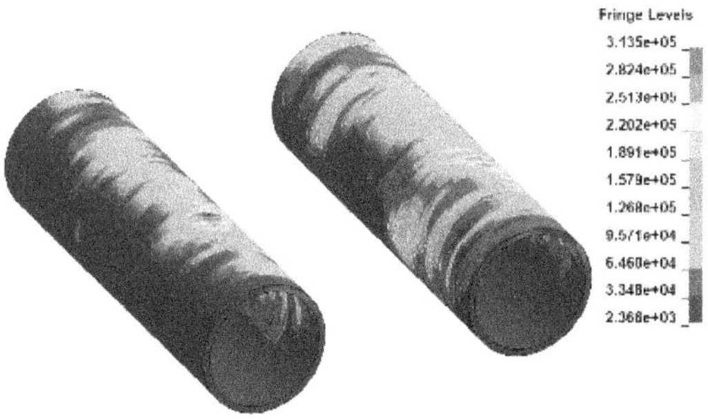

图 10-78　12000μs von Mises 应力云图　　图 10-79　24000μs von Mises 应力云图

在整个爆炸瞬态,混凝土结构的 von Mises 应力始终在 0.4MPa 以下,远小于混凝土结构的抗压强度,混凝土结构未发生破坏。

在区间隧道选取监测点(位置同上),得到各监测点的 x 向、y 向振动速度,如图 10-80 和图 10-81 所示。

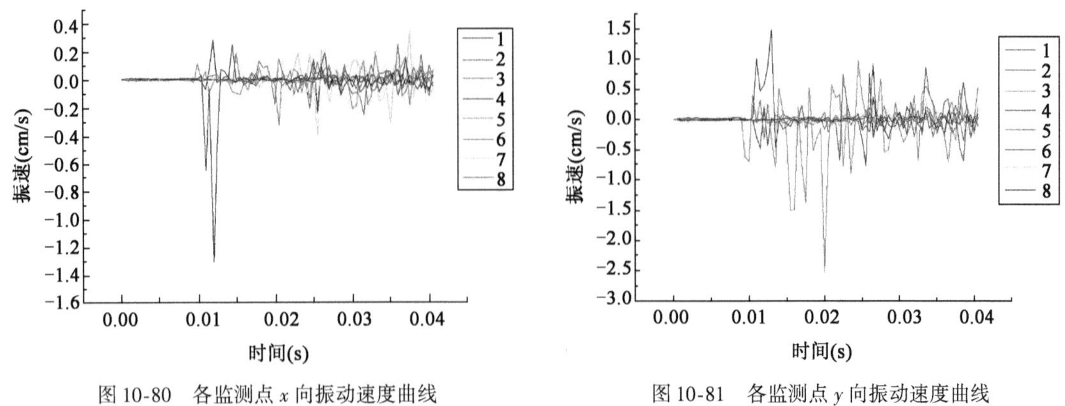

图 10-80　各监测点 x 向振动速度曲线

图 10-81　各监测点 y 向振动速度曲线

根据各监测点振动速度可知，正对炸药处，区间隧道的 x 向最大振动速度为 1.3cm/s，区间隧道的 y 向最大振动速度为 2.5cm/s。

(7)150mm 裂缝模型计算结果

爆破模拟计算结果和压力分布云图如图 10-82 ~ 图 10-85 所示，爆坑断面图如图 10-86 所示。

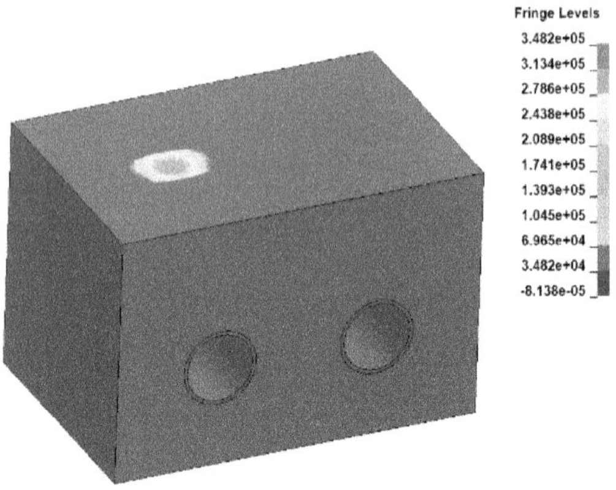

图 10-82　500μs 压力云图

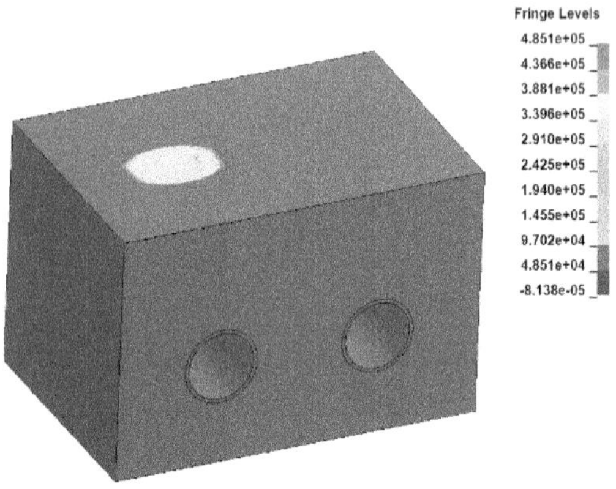

图 10-83　1000μs 压力云图

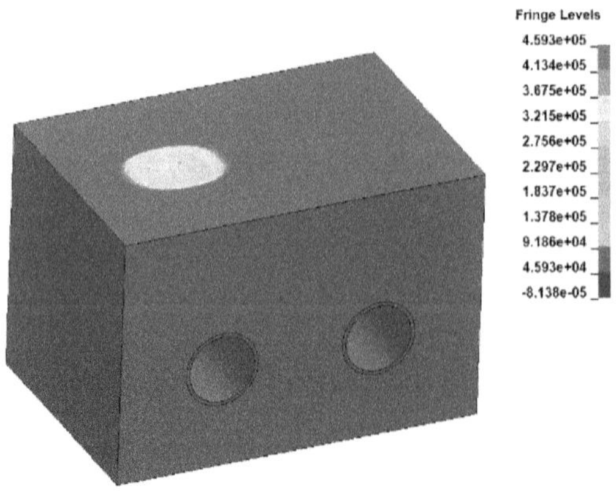

图 10-84　1500μs 压力云图

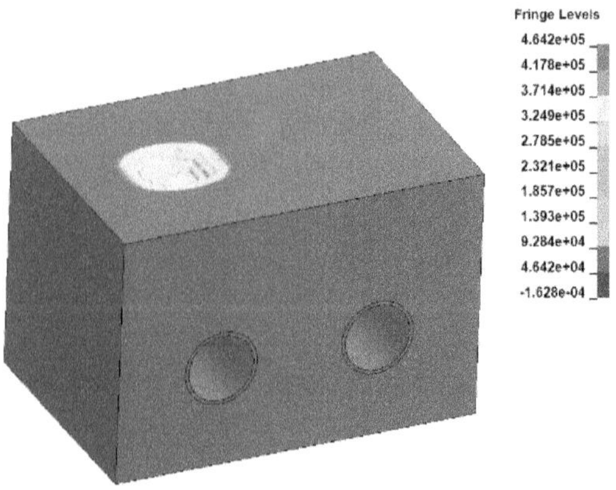

图 10-85　2000μs 压力云图

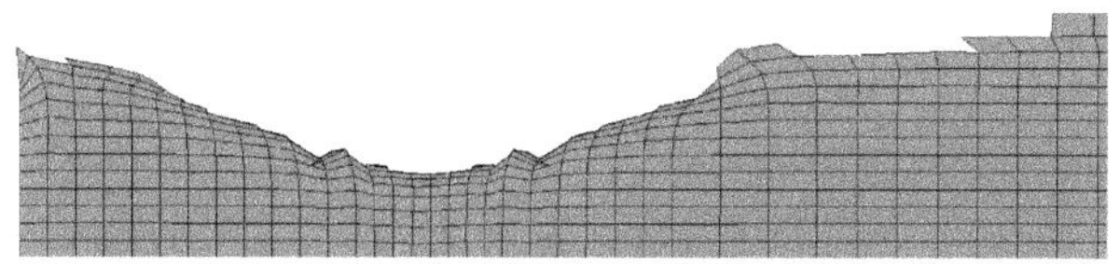

图 10-86　爆坑断面图

经等比例测量，近地 TNT 爆炸生成直径 15.5m、深度 2.8m 的爆坑。

区间隧道钢筋混凝土结构的 von Mises 应力分布云图如图 10-87 ~ 图 10-92 所示。

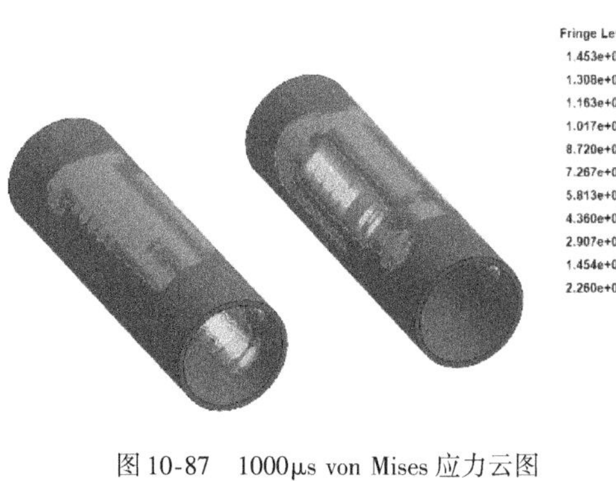

图 10-87　1000μs von Mises 应力云图

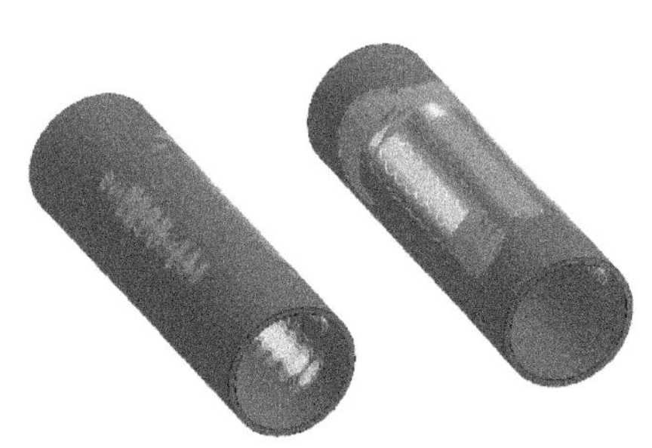

图 10-88　1500μs von Mises 应力云图

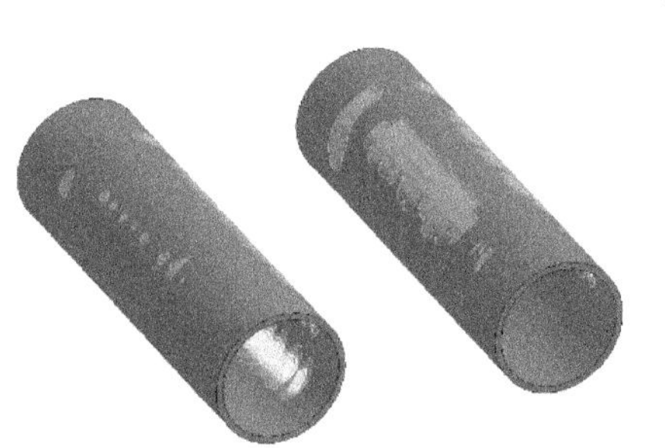

图 10-89　3000μs von Mises 应力云图

图 10-90　10000μs von Mises 应力云图

图 10-91　11000μs von Mises 应力云图

图 10-92　20000μs von Mises 应力云图

在整个爆炸瞬态，混凝土结构的 von Mises 应力始终在 0.5MPa 以下，远小于混凝土结构的抗压强度，混凝土结构未发生破坏。

在区间隧道选取监测点(位置同上),得到各监测点的 x 向、y 向振动速度,如图 10-93 和图 10-94 所示。

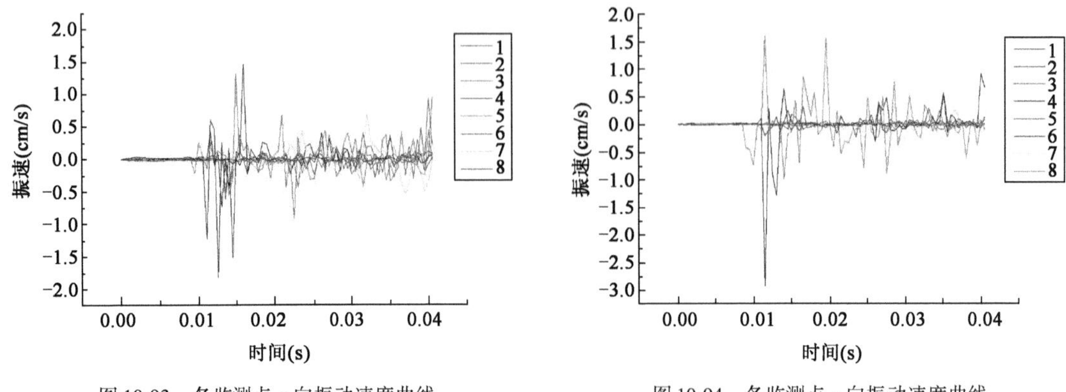

图 10-93　各监测点 x 向振动速度曲线

图 10-94　各监测点 y 向振动速度曲线

根据各监测点振动速度可知,正对炸药处,区间隧道的 x 向最大振动速度为 1.8cm/s,区间隧道的 y 向最大振动速度为 3.0cm/s。

各泄漏模型下蒸气云爆炸计算结果一览表见表 10-5。

各泄漏模型下蒸气云爆炸计算结果一览表　　表 10-5

泄 漏 模 式	泄漏尺寸(mm)	爆坑直径(m)	爆坑深度(m)	隧道破坏情况	最大振动速度(cm/s)	判定结果
管道针孔泄漏	2	1.9	1.0	完好	1.0	地下隧道无破坏
管道微小孔泄漏	6	2.7	1.0	完好	1.35	
管道小孔泄漏	20	8.2	1.7	完好	1.4	
管道小孔泄漏	50	11	2.0	完好	2.2	
管道中孔泄漏	80	12.8	1.8	完好	2.25	
管道中孔泄漏	120	14	2.0	完好	2.5	
管道大孔泄漏	150	15.5	2.3	完好	3.0	

10.4　本章小结

通过对天然气管道进行事故后果模拟分析,可得出以下结论:

(1)高压天然气管道一旦发生蒸气云爆炸,根据超压影响计算,其影响范围会波及区间隧道。

(2)管道在各种大小裂缝的泄漏模式下,天然气向大气中泄漏时突发爆炸不会破坏区间隧道的结构。

(3)不同泄漏模式下管道发生泄漏的概率极低,在管道运行寿命期间是可以接受的。

综上所述,本地铁项目的风险是可以接受的。

参 考 文 献

[1] 中华人民共和国安全生产法,中华人民共和国主席令[2014]第 13 号.

[2] 中华人民共和国石油天然气管道保护法,中华人民共和国主席令[2010]第 30 号.

[3] 危险化学品安全管理条例,中华人民共和国国务院令[2013]第 645 号.

[4] 安全生产许可证条例,中华人民共和国国务院令[2014]第 653 号.

[5] 中华人民共和国应急管理部. 危险化学品重大危险源辨识:GB 18218—2018[S]. 北京:中国标准出版社,2018.

[6] 中华人民共和国建设部. 地铁杂散电流腐蚀防护技术规程:CJJ 49—1992[S]. 北京: 中国计划出版社,1992.

[7] 国家能源局. 天然气:GB 17820—2018[S]. 北京:中国标准出版社,2018.

[8] 中华人民共和国住房住房和城乡建设部. 石油天然气工程设计防火规范:GB 50183—2015[S]. 北京:中国计划出版社,2015.

[9] 中华人民共和国住房和城乡建设部. 输气管道工程设计规范:GB 50251—2015[S]. 北京:中国计划出版社,2015.

[10] 中华人民共和国住房和城乡建设部. 爆炸和火灾危险环境电力装置设计规范: GB 50058—2014[S]. 北京:中国计划出版社,2015.

[11] 中华人民共和国住房和城乡建设部. 油气长输管道工程施工及验收规范:GB 50369—2014[S]. 北京:中国计划出版社,2014.

[12] 中华人民共和国住房和城乡建设部. 油气输送管道穿越工程设计规范:GB 50423—2013[S]. 北京:中国计划出版社,2013.

[13] 中华人民共和国住房和城乡建设部. 油气输送管道线路工程抗震技术规范:GB/T 50470—2017[S]. 北京:中国计划出版社,2017.

[14] 中华人民共和国国家发展和改革委员会. 石油天然气管道安全规程:SY/T 6186—2007[S]. 北京:石油工业出版社,2008.

[15] 中华人民共和国住房和城乡建设部. 建筑设计防火规范:GB 50016—2014[S]. 北京:中国计划出版社,2014.

[16]《地基处理手册》编写委员会. 地基处理手册 [M]. 2 版. 北京: 中国建筑工业出版社 , 2000 .

[17] 王梦恕. 地下工程浅埋暗挖技术通论[M]. 合肥:安徽教育出版社,2004.

[18] 彭文斌. FLAC3D 实用教程[M]. 北京:机械工业出版社,2007.